Matthias Pöhm
Nikolaus B. Enkelmann
Peter Kummer
Richard J. Leider
Erich J. Lejeune
Lothar J. Seiwert
Kurt Tepperwein
Annemarie Trixner

Das Power-Lesebuch

Matthias Pöhm
Nikolaus B. Enkelmann
Peter Kummer
Richard J. Leider
Erich J. Lejeune
Lothar J. Seiwert
Kurt Tepperwein
Annemarie Trixner

Das Power-Lesebuch

Strategien für Erfolg und Lebensqualität

mvg Verlag

Die Deutsche Bibliothek – CIP-Einheitsaufnahme

Das **Power-Lesebuch** : Strategien für Erfolg und Lebensqualität / Matthias Pöhm et. al. – Sonderausg. – Landsberg ; München : mvgVerl., 2003
ISBN 3-478-08354-0

2. Auflage 2000 erschienen unter ISBN 3-478-08647-7

Umschlaggestaltung: coverdesign uhlig gmbh, Augsburg
Satz: Fotosatz H. Buck, Kumhausen
Druck- und Bindearbeiten: Ebner & Spiegel Ulm
Printed in Germany 08354/010301
ISBN 3-478-08354-0

Inhalt

Matthias Pöhm: Nicht auf den Mund gefallen!

Der erfolgreiche Seminartrainer Matthias Pöhm hat die Gesetze der Schlagfertigkeit entschlüsselt und für jeden anwendbar gemacht! Dazu verrät er viele Tricks und Kniffe für Talkrunden, Interviews, Verhandlungen und den Alltag. Pöhm hat besonders schlagfertige Menschen studiert und bei seinen Analysen festgestellt, daß vielen schlagfertigen Antworten ein Schema zugrunde liegt. Dieses Schema hat er in einfach Regeln unterteilt, die leicht zu lernen sind und deren Anwendung man trainieren kann. So suchen Sie nicht länger hilflos nach einer passenden Erwiderung, wenn Sie ein „netter Zeitgenosse“ mit einer Bemerkung konfrontiert, die Sie augenblicklich sprachlos macht. 7

Nikolaus B. Enkelmann: Charisma

Erfolg zu erzielen, ohne charismatische Fähigkeiten zu besitzen – das ist heute kaum noch möglich. Begleiten Sie deshalb Nikolaus B. Enkelmann, einen der bedeutendsten Erfolgstrainer Deutschlands, auf dem Weg des Erfolgs. Entfalten Sie Schritt für Schritt Ihr Charisma und bringen Sie so Ihre Persönlichkeit zum Strahlen. Und denken Sie daran: Jeder trägt die Fähigkeit, Charisma zu entwickeln, in sich! 35

Peter Kummer: Warum geschieht gerade das ausgerechnet mir?

Unsere Vorstellungen, Überzeugungen und nicht zuletzt unsere Gedanken bestimmen alle Lebensumstände, mit denen man täglich konfrontiert wird. Doch durch positive Zielsetzung und den bewußten Umgang mit unseren Gedanken können wir Schwierigkeiten und komplizierte Lebenssituationen meistern. Peter Kummer, einer der populärsten Vertreter des Positiv Denkens im deutschsprachigen Raum, zeigt, welche Macht die Gedanken in unserem Leben haben, wie man Furcht bewältigt und mehr Spaß am Leben gewinnt. 63

Richard J. Leider/David A. Shapiro: Laß endlich los und lebe!

Lebensnah und intelligent beschreiben die Autoren ihre Sicht des Lebens und der Entwicklung, die man durchläuft. Sie betrachten das Leben als eine Reise, und alle Ereignisse tragen etwas zu unserem Lebensgepäck bei: manchmal schöne Souvenirs, liebgewordene Erinnerungen oder auch schwere Lasten, die immer wieder bei der Weiterfahrt hinderlich sind. Leider und Shapiro zeigen, wie Sie Ihr individuelles „Reisegepäck“ zusammenstellen, wann es sich lohnt, es auszupacken und wie man richtig daran trägt. 83

Erich J. Lejeune: Lebe ehrlich – werde reich!

Erfolg ist kein Zufall, und mit Sicherheit kein Einzelfall – davon ist Erich J. Lejeune überzeugt. Er selbst hat am eigenen Leib erfahren, was es bedeutet, ganz unten zu sein. Und es ist ihm gelungen, sich aus dem Nichts zu einem der erfolgreichsten Unternehmer Deutschlands empor zu arbeiten. Sein Credo lautet: Wer ehrlich lebt, wird auch erfolgreich. Denn wenn man aufrichtig seine Ziele verfolgt, mit Mut und Zuversicht handelt und voller Selbstvertrauen die Dinge aktiv anpackt, kann der Erfolg nicht außen vor bleiben – und der Reichtum kommt dann ganz von allein. Wichtig ist dabei auch die Kommunikationsfähigkeit. Man muß mit anderen reden, anderen zuhören und seine Ziele klar definieren, um neben einem Netzwerk an Beziehungen auch immer ausreichend mit notwendigen Faktoren versorgt zu werden. ____ 105

Lothar J. Seiwert: Das 1 x 1 des Zeitmanagement

Zeitdruck und Hetze müssen nicht sein. Schon acht Minuten täglich reichen aus, um die berufliche und private Zeiteinteilung zu perfektionieren.
Erst, wenn man bereit ist, Zeit als wertvolles Kapital zu begreifen, und wenn man bewußt mit ihr umgeht, kann man ihren Wert, aber auch ihre Möglichkeiten richtig begreifen. Mit praktischen Ratschlägen und raffinierten Tips zeigt Lothar J. Seiwert, wie man sein Zeitpotential optimal ausschöpft und die eigene Leistung stetig verbessert. ____ 127

Kurt Tepperwein: Super-Intuition

Oft schätzt man eine Situation rein gefühlsmäßig richtig ein, doch man kann nicht begründen, warum. *Es bleibt nur die Intuition.* Und Intuition kann ein unglaublicher Schlüssel zu mehr Glück und Lebenserfolg werden. Wie man aktiv Zugang zu den oftmals vernachlässigten geistigen Fähigkeiten findet, erklärt Kurt Tepperwein. Er zeigt, wie man seine intuitiven Fähigkeiten trainieren, die Wahrnehmung steigern und somit die eigenen Potentiale besser entfalten kann. ____ 149

Annemarie Trixner: Umarme dein Glück

Glück wird nicht wahllos über einige wenige ausgeschüttet. Glück wird auch nicht vom Zufall bestimmt. *Sie* allein entscheiden darüber, wie Ihr Leben verläuft.
Annemarie Trixner zeigt, wie man Beruf und Alltag richtig gestaltet und wie man zu innerer Ruhe und Harmonie gelangt. Und nicht zuletzt verrät sie, wie man seine sehnlichsten Herzenswünsche – Liebe, Gesundheit und ein Leben ohne Ängste – in Erfüllung gehen läßt. ____ 173

Literatur ____ 195

Stichwortregister ____ 199

Matthias Pöhm

Nicht auf den Mund gefallen!

Der erfolgreiche Seminartrainer Matthias Pöhm hat die Gesetze der Schlagfertigkeit entschlüsselt und für jeden anwendbar gemacht! Dazu verrät er viele Tricks und Kniffe für Talkrunden, Interviews, Verhandlungen und den Alltag. Pöhm hat besonders schlagfertige Menschen studiert und bei seinen Analysen festgestellt, daß vielen schlagfertigen Antworten ein Schema zugrunde liegt. Dieses Schema hat er in einfach Regeln unterteilt, die leicht zu lernen sind und deren Anwendung man trainieren kann. So suchen Sie nicht länger hilflos nach einer passenden Erwiderung, wenn Sie ein „netter Zeitgenosse" mit einer Bemerkung konfrontiert, die Sie augenblicklich sprachlos macht.

1. Teil: Grundlagen der Schlagfertigkeit

Wer schlagfertig werden will, der sollte nicht nur die einzelnen Techniken trainieren. Zur Schlagfertigkeit gehören einige Basisfertigkeiten, die schlagfertigeres Reagieren erst möglich machen. Man braucht einen großen Wortschatz, man muss assoziativ denken können, man muss gewillt sein, frech zu reagieren, und man braucht eine gewisse Schnelligkeit im Denken. Alles das lässt sich, aufbauend auf Ihrem Grundtalent, trainieren.

Die zwei Grundprinzipien schlagfertiger Antworten

Der nicht geschlossene Bogen

Winston Churchill wurde während einer Abendgesellschaft von einer Lady Astor angegriffen. Die Dame sagte: „Wenn ich Ihre Frau wäre, würde ich Ihnen Gift geben." Darauf antwortete Churchill: „Wenn ich Ihr Mann wäre, würde ich es nehmen."[1] Dies ist ein Musterbeispiel einer schlagfertigen Antwort. Die Geschichte ging aber weiter. Die Dame sagte daraufhin: „Herr Churchill, Sie sind ja total betrunken." Churchill gab zurück: „Der Unterschied zwischen mir und Ihnen ist: Wenn ich morgen aufwache, bin ich wieder nüchtern, Sie aber immer noch hässlich."

Die erste Antwort von CHURCHILL war hochgradig schlagfertig, die zweite Antwort eher plump. Warum?

> Je größer der gedankliche Bogen, den man noch ergänzen muss, desto schlagfertiger wirkt die Antwort.

Die erste Antwort von Churchill: „Wenn ich Ihr Mann wäre, würde ich das Gift nehmen“ heißt im Klartext: „Bei einer Hexe wie Ihnen bringt man sich besser selbst um.“ Hätte Churchill das damals so formuliert, wäre die Antwort nicht so schlagfertig erschienen.

Die Botschaft darf nicht direkt, sondern sollte durch die Blume ausgedrückt werden. „Wenn Sie aufwachen, sind Sie immer noch hässlich.“ Da muss der Zuhörer nichts mehr ergänzen. Hätte er gesagt: „Sie müssen sich morgen beim Blick in den Spiegel immer noch trösten, dass innere Werte wichtiger sind“, hätte der Zuhörer einen gedanklichen Bogen ergänzen müssen, um auf dieselbe Aussage zu kommen. Churchill hätte schlagfertiger gewirkt.

Was ist der Unterschied zwischen Marx und Murks? Antwort: Marx ist Theorie, Murks ist die Praxis.

Warum ist dieser Witz nicht so witzig? Der Kreis wird vom Erzähler geschlossen. Es fehlt der Gedanke, der zu Ende gedacht werden muss. Wenn man als Auflösung nur sagt: „Marx ist Theorie …“ und lässt den Zuhörer den Rest selbst ergänzen, wirkt es witziger.

Eine Antwort wirkt desto schlagfertiger, je größer der Bogen ist, den der Zuhörer noch ergänzen muss.

Wenn Ihnen jemand sagt: „Du siehst ganz schön übernächtigt aus“ und Sie antworten: „Du siehst selber übernächtigt aus“, so ist das nicht schlagfertig. Wenn Sie aber sagen: „Gott sei Dank hast du keinen Spiegel zu Hause“, dann ist die Botschaft dieselbe, aber der Zuhörer muss die Schlussfolgerung selbst ziehen.

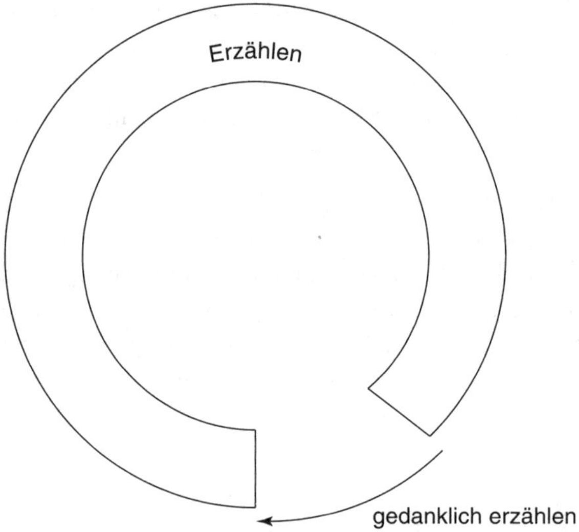

Die absurde Situation

- Harald Schmidt hatte einmal Katharina Witt, die ehemalige Eiskunstlauf-Olympiasiegerin, zu Gast. Eiskunstläufer werden nach jeder Vorführung von einer Jury mit Punkten bewertet. Katharina Witt erzählte, dass sie kürzlich in einem Restaurant unglücklich ausgerutscht und hingefallen sei. Harald Schmidt fragte wie aus der Pistole geschossen: „Denkst du da gleich an die Wertung?" Diese Bemerkung wirkt nur deshalb schlagfertig, weil sie ein Szenario beschreibt, das absurd genug ist.
- Stau auf der Schweizer Autobahn. Der deutsche Mitfahrer: „Staus in der Schweiz sind Gott sei Dank niemals so lange wie in Deutschland." Der Schweizer Mitfahrer: „Doch, manchmal macht die Polizei Vollsperrung auf der Autobahn, damit wir mit den deutschen Staus mithalten können."

Schlagfertige Antworten zeichnen selten ein reales, vernünftiges Bild. Es ist fast immer übertrieben, verzerrt und unsinnig.

Je absurder das Szenario, desto schlagfertiger wirkt die Erwiderung.

Hier einige Beispiele, die unter anderem deshalb schlagfertig wirken, weil die Antwort absurd genug ist. Diesen Antworten sind noch andere Schlagfertigkeitsmuster überlagert. Sie werden im Laufe des Buches noch angesprochen.

- Ich hab so viel Geld auf der Bank, ich könnte mir drei Häuser am Ku'damm kaufen.
  ↳ *Aber ich verkaufe nicht.*
- Wie könnten wir den Glauben an Politik und Staat wieder herstellen?
  ↳ *Indem wir alle Beamten mit den Politikern erschlagen.*
- Du verbrauchst ganz schön viel Geld.
  ↳ *Ich hab 'ne gute Druckmaschine.*
- Schreib doch „Herzlichen Glückwunsch" auf die Torte.
  ↳ *Gut, hol mir mal die Schreibmaschine.*
- Wieso sind Ihre Zähne so gelb?
  ↳ *Ich arbeite bei der Post.*

Beschreiben Sie also eine unmögliche, unsinnige Situation, in die Sie eine gegebene Bemerkung hineintransferieren. Absurd wird hier in dem Sinne von „weit hergeholt", „blödsinnig" verstanden. Sie bringen Welten zusammen, die sonst nichts miteinander zu tun haben.

Hören Sie sich den Beginn von folgendem Witz an: „Der Papst steht in der Warteschlange am Eingang zu einer Techno-Party …" Allein dieses Szenario macht schon neugierig. Zwei völlig gegensätzliche Welten werden sprachlich zusammengefügt. Das ist absurd.

Versuchen Sie einmal, sich zurückzuerinnern. Als Kinder und Jugendliche haben wir uns noch getraut, absurden Blödsinn zu machen und hemmungslos herumzualbern. Wir achteten kaum darauf, was die anderen von uns denken. Der Spaß stand im Vordergrund. Irgendwann haben wir aber begonnen, erwachsen zu spielen, die seriöse, triste Welt der Erwachsenen zu imitieren. Stück für Stück sind uns damit der Mut und die Fähigkeit, herumzublödeln, abhanden gekommen. Trauen Sie sich wieder, Nonsens zu reden. Lassen Sie los! Denken Sie nicht daran, was die anderen davon halten. Ihre Schlagfertigkeit steigert sich wesentlich dadurch.

Fragen mit Nonsens beantworten (1)

Sie alle kennen die unangenehmen, persönlichen Fragen, bei denen man meist mit „Darüber möchte ich nicht reden“ antwortet. Das ist die übliche brave Verteidigungsantwort. Sie wirkt weder schlagfertig noch originell. Lassen Sie uns an Hand solch „peinlicher“ Fragen trainieren, wie man schlagfertige Antworten geben kann, indem man absurden Blödsinn erwidert.

Was ist eigentlich Nonsens? Nonsens ist, wenn Sie wissen, was der Frager meint, aber Sie übertragen es auf einen anderen Bereich. Da fragt Sie jemand: „Welche Charaktereigenschaften finden Sie bei sich am schlimmsten?“ Sie wissen, was er damit meint, aber Sie suchen jetzt einen anderen Bereich, einen anderen Denkrahmen, in den Sie die Frage übertragen. Sie antworten ganz was anderes, als er beabsichtigt hatte. Sie könnten antworten: „Ja, meine Achselnässe“.

Nachfolgend einige „unangenehme“ Fragen, die Sie bitte zur Übung mit „Nonsens“ beantworten sollen. Bitte decken Sie die Antworten ab, und versuchen Sie, eigene Antworten zu finden.

- Was, wenn man Ihnen kündigen würde?
  ↬ *Spaghetti anpflanzen.*
- Was denken Sie gerade?
  ↬ *Wie viel das Nutella bei Coop kostet.*
- Welches ist Ihre größte Angst?
  ↬ *Dass mein Hund das Singen anfängt.*
- Was würden Sie tun, wenn der Arzt Ihnen sagt, Sie haben nur noch zwei Monate zu leben?
  ↬ *Ich würde sofort den Arzt wechseln.*
- Wo liegen Ihre Fehler?
  ↬ *In der Schublade.*
- Wer in der Gruppe ist Ihnen am unsympathischsten?
  ↬ *Der mit dem Holzauge.*
- Wie viel verdienen Sie?
  ↬ *Eine Ohrfeige.*
- Was an Ihnen finden Sie unansehnlich?
  ↬ *Meine Leber.*
- Welche Nationalitäten mögen Sie nicht?
  ↬ *Schwiegermütter.*
- Möchten Sie wirklich noch einmal als Mann geboren werden?
  ↬ *Nein, als Pinguin.*
- Was tun Sie beruflich?
  ↬ *Kommt auf die Jahreszeit an.*

Es gibt zwei Nonsens-Standardantworten, die Sie sich einprägen können, weil sie auf fast alle unangenehmen Fragen passen.

Standards:

- *Das kommt auf die Jahreszeit an.*
- *Da muss ich erst meinen Bewährungshelfer fragen.*

Das absurde Reagieren eignet sich auch bei Vorwürfen und Angriffen. Es gibt zwei Nonsens-Standardantworten, die fast immer passen, wenn Ihnen ein Vorwurf gemacht wird. Da sagt Ihnen jemand beispielsweise: „Sie gehören doch in die Irrenanstalt.“ Sie antworten:

Standards:

- *Ich mag Ihre Witze.*[2]
- *Aber das reimt sich doch gar nicht.*

Die Grundeinstellung ist wichtiger als die Technik

Die in diesem Buch vorgestellten Techniken allein machen Sie noch nicht schlagfertig. Um schlagfertig zu werden, ist unsere Grundeinstellung fast noch wichtiger. Wenn Sie eher eine defensive Person sind, müssen Sie bereit sein, innerlich aufzustehen und Ihre Position zu verteidigen. Sie müssen bereit sein, einem anderen zu sagen: „So weit und nicht weiter – das lass’ ich mir nicht gefallen!“ Es nützt nämlich nichts, wenn Sie verschiedene probate Techniken beherrschen, sich aber im entscheidenden Moment nicht trauen sie anzuwenden, weil Sie denken: „Aber sowas darf man doch nicht sagen!“ Und danach leiden Sie wieder.

René EGLI schreibt in seinem Buch *Das Lola-Prinzip:* „Wir müssen damit aufhören nur „nette“ Dinge zu sagen und zu tun, damit wir ja niemanden stören oder verletzen. Wir müssen damit beginnen, völlig selbständig zu denken: unabhängig von allem, was uns Eltern, die Schule, die Nachbarn, die Medien etc. vorgedacht haben.“

Schlagfertige Menschen sind Menschen, die Ecken und Kanten zeigen, die auch mal im Mittelpunkt stehen können, die nicht krampfhaft wollen, dass ja niemand schlecht von ihnen reden kann, und die riskieren, dass einer mal nicht applaudiert, bei dem, was sie sagen oder tun.

Eigentlich ist es gar nicht so wichtig, was Sie sagen, wichtiger ist, dass Sie überhaupt etwas sagen.

Sie können auch eine körpersprachliche Kurzprogrammierung für Ihr Verhalten vornehmen. Wenn Sie vor einer Situation stehen, in der Sie schlagfertig reagieren wollen, krempeln Sie symbolisch Ihre Ärmel hoch. Das bekräftigt Ihre Einstellung: „Ich behaupte meine Position.“ Sie unterstützen körpersprachlich Ihre Kampfbereitschaft. Machen Sie das vor allem vor Situationen, bei denen Sie eine Auseinandersetzung fürchten.

Die Grundeinstellung zu ändern bedeutet, tief in Ihrer Persönlichkeit etwas dauerhaft zu verändern. Ihre echten Gedanken müssen anders werden – nicht nur das Verhalten nach außen.

Das ist das Problem bei vielen Seminaren und Lebenshilfebüchern. Dort wird die Seligkeit billiger verkauft, als sie zu haben ist. Zum Beispiel beim Verkaufstraining. Den Teilnehmern wird eingepaukt, den Kunden als Freund zu betrachten. Die Idee ist gut, aber sie funktioniert nicht. Sie können nicht den Kunden isoliert als Freund betrachten und gegenüber dem Rest der Welt unverändert bleiben. Das ist eine Maske, eine Oberflächeneinstellung. Ihre Grundeinstellung ändert sich nur, wenn Sie *alle* Menschen als Freunde betrachten. Auch den Untergebenen, auch Ihren Nachbarn, auch Ihre Schwiegermutter, auch den Obdachlosen, an dem Sie sonst vielleicht achtlos vorübergehen.

Die Grundeinstellung ändern bedeutet mehr, als man den Leuten oft vorgaukelt. Sie müssen bereit sein, sich als Mensch zu ändern, das heißt, in allen Bereichen ein anderer zu werden – dauerhaft.

Eine Möglichkeit, Ihre Grundeinstellung dauerhaft zu verändern, wird im Kapitel „Die SimulGAN-Technik“ im Abschnitt „Mit Suggestion die Zukunft beeinflussen“ beschrieben.

Rupert Lay schreibt in seinem Buch *Dialektik für Manager*: „Die Lektüre dieses Buches ist für die Vorbereitung auf ein Dialektik-Seminar außerordentlich nützlich, kann es aber nicht ersetzen.“ Ähnliches gilt für die Schlagfertigkeit.

Großer aktiver Wortschatz

Schlagfertigkeit ist immer auch ein Spiel mit Worten. Je größer Ihr aktiver Wortschatz ist, desto schlagfertiger können Sie reagieren.

Der gesamte Wortschatz der deutschen Sprache umfasst ca. 400.000 Wörter. Der Rechtschreibduden (Ausgabe 1996) enthält mehr als 115.000 Wörter. Ihr passiver Wortschatz, das heißt alle Wörter, die Sie verstehen, aber nicht zwingend selbst benutzen, umfasst ca. 50.000 Wörter. Lesen Sie bitte folgenden Satz: „Auch die heutigen nüchternen Windkanalformen der Autos verwandeln sich mit zunehmendem Alterungsprozess in nostalgisch-verklärte Schwärmereien.“[3] Sie haben kein Problem, den Satz zu verstehen. Das Wort „verklärt“ ist den meisten Lesern bekannt, aber selbst benutzt hätten es an dieser Stelle wohl wenige, weil es nicht zum aktiven, sondern nur zum passiven Wortschatz gehört. Ihr aktiver Wortschatz, d.h. alle Wörter, die Sie im Laufe eines Jahres mindestens ein Mal benutzen, umfasst ca. 3.000 bis 5.000 Wörter. Die *Bildzeitung* kommt mit ca. 1.000 aus.

Wie lässt sich nun der aktive Wortschatz erweitern? Ich schlage Ihnen fünf Übungen vor.

Laut lesen

Lesen Sie in Zukunft alles laut. Der Lerneffekt, wenn Sie aktiv etwas tun, ist um ein Vielfaches höher, als wenn Sie nur passiv sind. Ihr aktiver Wortschatz ist der Wortschatz, den Sie wirklich benutzen. Wenn Sie laut lesen, sind Sie aktiv. Das Lesen allein reicht nicht. Sonst hätten alle Zeitungsleser, die täglich mindestens 15 Minuten die Zeitung lesen, einen gigantischen Wortschatz. Das, was Sie schon einmal ausgesprochen haben (nämlich laut beim Lesen), werden Sie leichter reproduzieren. Wenn Sie vier Mal den Namen des japanischen Ministerpräsidenten Hashimoto laut aussprechen, so ist die Chance, dass Sie sich daran erinnern, größer, als wenn Sie, wie üblich, mit dem Blick zum nächsten Wort schweifen. Fangen Sie bitte ab jetzt an, dieses Buch laut zu lesen. Trauen Sie sich. Bereits nach 10 Minuten werden Sie sich daran gewöhnt haben!

Zeitungsartikel zusammenfassen

Fassen Sie Zeitungsartikel, die Sie ja wahrscheinlich sowieso jeden Tag lesen, nach dem Lesen noch einmal für sich zusammen. Am besten laut. Das können Sie sogar leise vor sich hinmurmelnd in der Straßenbahn tun, das merkt niemand. Automatisch benutzen Sie Formulierungen, Redewendungen und Worte des Journalisten, und damit erweitern Sie kontinuierlich Ihren aktiven Wortschatz. Nebeneffekt: Sie behalten viel mehr von dem gelesenen Zeitungsartikel. Ihre Allgemeinbildung wächst.

Kartei von guten Ausdrücken anlegen

Legen Sie sich eine Kartei (bzw. Ordner, Heft, Computerdatei) von Ausdrücken und Formulierungen an, an denen Sie Gefallen finden. Schreiben Sie aber nur komplette Sätze, keine einzelnen Wörter. Sprechen Sie diese auf Kassette, und hören Sie sich diese Kassette regelmäßig an. Zum Beispiel im Auto auf dem Weg zur Arbeit. Stück für Stück werden diese Redewendungen und Worte zu Ihrem aktiven Wortschatz.

Jedes Substantiv und Verb mit einem Adjektiv bzw. Adverb versehen

Lesen Sie ein beliebiges Buch oder einen Zeitungsartikel. Finden Sie zu jedem Substantiv ein Adjektiv und zu jedem Verb ein Adverb. Nachfolgend einige Übungsbeispiele. Decken Sie die Antworten ab, und versuchen Sie, selbst Lösungen zu finden.

Ich legte die Schrauben in seine Hände.
Ich legte die verrosteten Schrauben sanft in seine schwieligen Hände.

Der Blick in die Vergangenheit macht sie glücklich.
Der verklärte Blick in die traurige Vergangenheit macht sie innerlich glücklich.

Das Publikum klatschte Beifall.
Das gelangweilte Publikum klatschte befreit Beifall.

Der Abgrund wurde durch Hecken verhüllt.
Der gähnende Abgrund wurde wohltuend durch dichte Hecken verhüllt.

Er fragte: „Sind Sie damit einverstanden?" Alle nickten.
Er fragte mit einem unschuldigen Augenaufschlag: „Sind Sie damit einverstanden?" Alle nickten andächtig.

Verben in Sätzen ersetzen

Tauschen Sie bei Zeitungsartikeln oder in einem Buch jedes Verb aus.

Beispiel:

Die Lust, eine eigene Firma zu gründen, hängt offensichtlich nicht vom Alter ab.
Die Lust, eine eigene Firma auf die Beine zu stellen, ist nicht ans Alter gekoppelt.

Mut zum frech sein

Schlagfertigkeit, so weit es sich um die Erwiderungsfertigkeit handelt, ist selten nett und oft verletzend. Es gibt fast immer eine Person, die sich getroffen fühlt. Schlagfertigkeit bleibt nicht sachlich. Vera F. Birkenbihl schreibt in ihrem Buch *Rhetorik:* „Ein Aspekt der so genannten Schlagfertigkeit ist die innere Bereitschaft zu schlagen." Es ist immer ein Stück Frechheit und Beleidigung dabei. So ist die Realität schlagfertiger Antworten. Ob man sich das wünscht oder nicht.

„Wenn ich Ihr Mann wäre, würde ich das Gift nehmen." Wie mag sich die arme Lady Astor bei dieser Antwort von Churchill gefühlt haben?

Frechheit gehört zur Schlagfertigkeit. Wenn Sie ein Mensch sind, der es allen immer recht machen und niemandem weh tun will, der niemals auffallen will, dem wichtig ist, dass niemand schlecht von ihm spricht, und dessen Ziel es ist, den Erwartungen der anderen immer zu entsprechen, dann werden Sie niemals schlagfertig sein können.

Trauen Sie sich, frecher zu sein, Sie dürfen es.

Die in dem Cartoon auf Seite 14 dargestellte Szene hat sich tatsächlich so zugetragen.

Eine mir bekannte Sekretärin aus Zürich, die von ihrem Wesen her der Liebreiz in Person ist, fing bei einem neuen Arbeitgeber an. Eines Tages sollte sie handschriftliche Notizen ihres neuen Chefs in ein Textverarbeitungssystem eingeben. Das Gekrakel war jedoch nicht zu entziffern. Also sagte sie zu ihrem Chef: „Ich kann Ihre Schrift nicht lesen." Darauf sagte der Chef: „Ich gebe Ihnen vier Monate, um meine Schrift erkennen und entziffern zu lernen." Darauf sie: „Ich gebe Ihnen zwei Wochen, so zu schreiben, dass ich's lesen kann."

Ihnen gefällt die Antwort, stimmt's? Die Antwort ist deswegen so gut, weil sie frech genug war.

Schlagfertigkeit ohne eine Portion frech sein ist eine stumpfe, harmlose Waffe. Der Chef hat übrigens herzhaft gelacht.

Durchbrechen Sie Ihre Bravheitsschablone. Haben Sie den Mut, Kanten zu zeigen. Wer frech sein übt, baut gleichzeitig sein Selbstbewusstsein auf.

Vatertag ist das Gegenstück zum Muttertag, allerdings nicht so etabliert. An diesem Tag sagte der Vater nach dem Mittagstisch: „Heute ist Vatertag, da brauch ich mal nicht zu helfen.“ Darauf erwiderte die 17-jährige Tochter: „Wir haben das ganze Jahr Vatertag.“ Das war frech, das war schlagfertig.

Wenn Sie schlagfertiger werden wollen, müssen Sie sich damit abfinden, dass Sie im Mittelpunkt stehen werden. Sie sind dann frech, vorwitzig und wollen es nicht mehr allen recht machen. Diese Rolle müssen Sie innerlich erst annehmen.

Für das Training Ihrer „Frech-Fertigkeit“ schlage ich Ihnen folgende Übungen vor. Dabei geht es auch um die Erfahrung, dass Sie nicht immer von jedermann beklatscht werden, wenn Sie originell, schlagfertig und frech sind.

Wenn Sie am Telefon eine Telefonnummer diktiert bekommen, so wiederholen Sie diese Nummer – aber komplett falsch.

Anrufer: „Meine Nummer lautet: 77 23 45 23.“
Sie: „Ich wiederhole. Ihre Nummer lautet: 44 65 73 60.“

Wenn der andere nicht lacht, sei’s drum. Sie haben geübt, frecher zu sein. Das ist der Erfolg. Im Normalfall lachen die Leute herzlich. Wenn nicht, wissen Sie, mit wem Sie’s auch sonst zu tun haben.

Besprechen Sie Ihren Anrufbeantworter neu, und zwar so, dass Sie den Anrufer verwirren oder hinters Licht führen.

„Rolf Kaiser, guten Tag … [drei Sekunden Pause] … haha, haha! Hier ist gar nicht Rolf Kaiser, hier ist nur sein Anrufbeantworter. Sprechen Sie trotzdem nach dem Pfeifton.“

Der Anrufer hat im Normalfall sein Anliegen bereits in die drei Sekunden Pause hineingeplappert.

Noch ein Spruch für Ihren Anrufbeantworter: „Guten Tag, ich bin gerade beim Sex oder beim Einkaufen. Bitte sprechen Sie jetzt."

Wenn jemand sich darüber aufregt, seien Sie dankbar. Mit diesem Spielchen lernen Sie Leute wirklich kennen. Bei dieser Übung geht es hauptsächlich darum, dass Sie einmal den Mut haben, frecher zu sein als üblich – und das Risiko eingehen, dass es mal jemand nicht gut findet.

Assoziatives Denken

Um schlagfertiger zu werden, ist es wichtig, assoziativ denken zu können. Assoziativ heißt: zu einem Stichwort artverwandte Einfälle zu haben. Es sind die kreativen, verrückten Gedankensprünge, die einen schlagfertigen Menschen ausmachen. Diese Fähigkeit hatten wir als Kinder noch im Überfluss, im Laufe des Erwachsenenlebens ist sie den meisten abhanden gekommen. Das lässt sich jedoch trainieren. Es gibt eine Unzahl von Übungen hierzu. Ich möchte Ihnen vier davon vorstellen.

Buchstabenabkürzungen anders deuten

Fast jede Firma, jede Behörde hat heutzutage eine Abkürzung als Firmennamen (AEG, FBI, BMW … usw.). Wenn die Diskussion darauf kommt, was diese Abkürzung eigentlich heißt, so wünsche ich mir in Zukunft von Ihnen, dass Sie niemals mehr nach der echten Bedeutung suchen, sondern bewusst Unfug als Antwort geben. Das trainiert einerseits hervorragend Ihre assoziativen Fähigkeiten und ist gleichzeitig ein erprobtes Witzmuster. Die Leute erwarten nicht, dass Sie systematisch nach einer

„falschen“ Antwort suchen, und halten Sie für originell und schlagfertig. Dabei liegen Sie nur auf der Lauer. Je blödsinniger und frecher Sie reagieren, desto spaßiger wirkt die Antwort.

Bitte decken Sie die Interpretationen auf der rechten Seite ab, und versuchen Sie, eigene zu finden. (Schreibfehler sind erlaubt.)

FDP	Filz, Duckmäuser u. Pantoffelhelden
FIAT	Fehlerhaft in allen Teilen
ARD	Alles rechte Drückeberger
KGB	Kriminelle greise Biester
BMW	Bei mir wackelt’s
UNO	Ulrich nagt Ostereier
PLO	Präsidenten lachen oft
IRA	Idioten rasten aus
IBM	Immer billige Maschinen
VW	Verarbeitetes Wellblech
AEG	Auch Eierlikör gleitet
FBI	Verrückte ballern immer
ff.	Viel Vergnügen

Assoziationsübungung mit einzelnen Begriffen

Nehmen Sie wieder die Zeitung oder ein Buch und daraus ein beliebiges auftauchendes Substantiv, dann schreiben Sie ihre Assoziationen dazu auf.

Hier drei Beispiele. Halten Sie wieder die Antwort zu, finden Sie eigene Assoziationen.

Brot	Hunger, Konfitüre, Mehl, Weizen, essen, Bäcker, Bäckerei, Kruste, Semmelbrösel …
Telefon	Handy, warmes Ohr, Telefonrechnung, Tastatur, Post, Monopol, Glasfaserkabel, Anrufbeantworter …

Universität	Professor, Student, Prüfung, Doktorhut, Partys, Parkplatz, Diplom, Hörsaal, Schreibblock …

Baumsilhouetten und Wolkenformationen als Bilder interpretieren

Interpretieren Sie eine Wolkenformation oder eine Baumsilhouette als ein Bild. In Wolkenformationen können Sie mit etwas Fantasie ein Schloss, einen Engel, ein Pferd mit Reiter oder ähnliche Bilder erkennen. Beschreiben Sie dieses Bild einem Freund. Der muss so lange hinschauen, bis er dasselbe Bild sieht. Dann wechseln Sie die Rollen. Sie können die Übung aber auch alleine für sich machen.

Assoziationskette bilden

Nehmen Sie zwei beliebige Wörter aus der Zeitung. Jetzt finden Sie zum ersten Wort eine Assoziation, die sich ein Stück weit dem zweiten Begriff nähert. Dann suchen Sie wieder einen Assoziationsbegriff, und das tun Sie, bis Sie die Verbindung von einem zum anderen Begriff gefunden haben.

Beispiel: „Arbeitslosigkeit" soll zu „Hundefutter" führen.

Arbeitslosigkeit – Arbeitsamt – Stempelgeld – Geldausgaben – Einkaufen – Hundefutter

Schnelles Denken

Um schlagfertig reagieren zu können, reicht es nicht, nur einen großen Wortschatz zu haben, sondern man muss auch schnell auf diese Worte zugreifen können. Dies kann geübt werden.

Ihr Hirn ist ein unheimlich leistungsfähiges Instrument. Es hat Fähigkeiten, von denen Sie nichts ahnen. Teilweise müssen diese

Fähigkeiten durch Training erworben werden, teilweise haben Sie Fähigkeiten, von denen Sie nichts wissen, die Sie aber sofort aktivieren können – zum Beispiel beim Lesen. Lesen Sie einmal einen Text laut in Ihrem gewohnten Lesetempo. Jetzt geben Sie sich den Befehl, den Text doppelt so schnell zu lesen. Sie werden sehen, Ihr Hirn wird nach kürzester Zeit in der Lage sein, ein wesentlich höheres Tempo einzuhalten als vorher.

Dieselbe Übung können Sie mit dem Sprechen machen. Versuchen Sie einfach einmal, während Sie sprechen, Ihre Sprechgeschwindigkeit zu erhöhen. Sie werden sehen, es gelingt Ihnen.

Wenn Sie in Zukunft lesen, versuchen Sie, schneller zu lesen, als es Ihrer normalen Lesegeschwindigkeit entspricht. Wenn Sie sprechen, versuchen Sie, schneller zu sprechen, als es Ihrem normalen Sprechrhythmus entspricht. Nach einer bestimmten Zeit wird ein höheres Sprech-/Lesetempo für Sie zur Gewohnheit. Damit erhöhen Sie Ihre Denkgeschwindigkeit. Dieses Training können Sie ohne zusätzlichen Zeitaufwand machen, Sie lesen und sprechen ja sowieso tagtäglich.

Hier noch eine weitere Übung zum schnellen Denken. Machen Sie die im vorigen Kapitel vorgestellten Assoziationsübungen, diesmal aber auf Zeit. Wenn Sie alleine üben wollen, messen Sie die Zeit, die Sie brauchen, um ein Ergebnis zu erzielen. Wenn Sie mit mehreren üben, spielen Sie gegeneinander. Wer zuerst eine vorgegebene Anzahl von Lösungen geliefert hat, schreit Stopp und hat gewonnen. Sie werden mit der Zeit merken, dass es Ihnen immer schneller gelingt, Assoziationen zu finden.

Die SimulGAN-Technik©

Im Laufe meiner dreijährigen Sprachausbildung orientierte ich mich neben den zu absolvierenden Übungen vor allem an Sprechern, deren Intonation mir gefiel. Tag für Tag, Woche für Woche, Monat für Monat, Jahr für Jahr imitierte ich gesprochene Sprache. Eines Tages entdeckte ich eine Fähigkeit bei mir, die mich überraschte und auf die ich stolz war. Ich war plötzlich in der Lage, einen beliebigen unbekannten Sprecher zu hören und fast zeitgleich fehlerfrei nachzusprechen. Und das in jeder Geschwindigkeit und sogar bei Fremdsprachen, die ich beherrschte. Ich war begeistert! Ich habe das meinem jahrelangen Training zugerechnet. Stolz demonstrierte ich eines Tages meiner Freundin diese Fähigkeit. Die sagte: „Oh, das kann ich sicher nicht, ich versuch es aber trotzdem mal." Sie legte sich eine Kassette französischer Nachrichten ein, wohlgemerkt französischer (!) Nachrichten. Sie spricht Französisch, aber nicht perfekt, und ich fiel fast vom Stuhl – sie konnte das beinahe genauso gut wie ich! Und das noch in einer fremden Sprache! Ich dachte bei mir: „Moment, ich gehe doch nicht drei Jahre fast täglich trainieren, und eine völlig ungeübte Person kann das genauso wie ich?" Entweder war meine Freundin ein Genie, oder andere konnten das auch. Also nahm ich Sprachkassetten mit in meine Kurse und machte eine gigantische Entdeckung. Jeder Mensch hat diese Fähigkeit in sich und weiß nichts davon. Machen Sie gleich einmal den Test. Legen Sie das Buch zur Seite, drehen Sie das Radio an, und sprechen Sie einem beliebigen Moderator „simulgan" nach. Ohne Probleme sind Sie dazu in der Lage.

Das Wort, das sie gerade gelesen haben und das Ihnen vielleicht falsch vorkam, ist richtig. Ich nenne diese Fähigkeit SimulGAN-Technik© oder simulgan© sprechen.

SimulGAN steht für **Simul**tan **G**leichzeitig **A**ufnehmen und **N**achsprechen.

Wichtig bei dieser Wortneuschöpfung ist das Wort „Aufnehmen“. Viele, die zum ersten Mal simulgan sprechen, sprechen zwar den gehörten Text korrekt nach, aber sie wissen nicht mehr, worüber sie gesprochen haben. Der Inhalt wurde nicht aufgenommen. Aber das können Sie ganz einfach durch eine Willensentscheidung im Kopf umstellen. Sagen Sie sich, dass Sie ab jetzt auch verstehen werden, was Sie da nachsprechen. Ich mache den Versuch immer wieder in meinen Seminaren. Teilnehmer, die meinen, sie können den Inhalt dessen nicht wiedergeben, was sie simulgan sprechen, bekommen einen neuen Kassettentext mit der Aufgabe, anschließend zusammenzufassen, was sie simulgan gesprochen haben. Allein die Aufgabenstellung reicht in den meisten Fällen, dass sie es plötzlich können.

Sie können jederzeit jeden beliebigen Sprecher nachsprechen. Jedes Mal wenn Sie Nachrichten hören, jedes Mal wenn Sie einen Reisefilm anschauen, jedes Kassettenseminar, jede Infosendung in Radio oder Fernsehen: Sie können ohne zusätzlichen Zeitaufwand einen enormen Nutzen erzielen, indem Sie so oft wie möglich das simulgane Sprechen üben.

Worin besteht nun dieser Nutzen, den die SimulGAN-Technik für die Grundlagen der Schlagfertigkeit bietet?

Der Wortschatz wird größer

Zunächst einmal erweitern Sie Ihren Wortschatz. Wie beim lauten Lesen sind Sie beim simulgan Sprechen aktiv. Gehörtes besitzt einen höheren Erinnerungswert als Gelesenes. Jedes Wort wird aber nicht nur gehört, sondern gleichzeitig inhaltlich vom Hirn verarbeitet und dann noch nachgesprochen. Sie haben es mit Ihren Sprechwerkzeugen bereits formuliert. Den höchsten Behaltenswert haben Sie, wenn Sie selbst etwas tun. Nur wenn Sie einen Ausdruck zwei-, dreimal in den Mund genommen haben, werden Sie ihn irgendwann einmal auch selbst benutzen.

Die Reaktionszeiten werden kürzer

Jeder Mensch kann simulgan sprechen, trotzdem gibt es zwei Unterschiede zwischen dem, der dies trainiert hat, und dem, der frisch damit anfängt. Der erste Unterschied liegt darin, dass die Fehlerquote beim Trainierten natürlich geringer ist. Als Neuling fangen Sie vielleicht mit 75 Prozent korrektem Sprechen an, wohingegen Sie nach regelmäßigem Training auf 90 Prozent bis 95 Prozent kommen. Der entscheidende Unterschied ist aber, dass die Reaktionszeit zwischen Hören und Sprechen bei Trainierten kürzer ist. Sie können schneller mit Ihrer Sprache folgen, und damit werden Sie schneller im Denken. Sie vergrößern ohne zeitlichen Mehraufwand Ihren Wortschatz und verkürzen die Zugriffszeit auf die Worte.

Die Aussprache wird besser

Sie bekommen eine bessere, klarere und deutlichere Aussprache. Der Mensch lernt in der Hauptsache durch Nachahmung. 80 bis 90 Prozent Ihres Verhaltens haben Sie durch Imitation erworben. Die Dinge, mit denen Sie sich umgeben, prägen Sie. Wenn Sie simulgan sprechen, können Sie gar nicht anders, als die Aussprache der Sprecher zu imitieren. Das sind Profis mit perfekter Aussprache. Ihre Aussprache wird im Laufe der Zeit zwingend besser. (Vielleicht sogar eine Möglichkeit für Loda Maddäus ...?)

Das Sprechtempo wird schneller

Sie folgen automatisch der Geschwindigkeit des Originals. In kürzester Zeit haben Sie sich selbst auf das Maschinengewehr-Tempo eines Dieter Thomas Heck eingestellt. Ihr Hirn ist zu weit mehr in der Lage, als man ihm allgemein zutraut. In meinen Seminaren mache ich gern einen Versuch: Ich erhöhe die Abspielgeschwindigkeit einer mit Nachrichten besprochenen Kassette innerhalb von 10 Sekunden um 25 Prozent. Ohne Probleme folgen die Teilnehmer auch diesem Sprechexperiment.

Sprachen lernen wird leichter

Wenn Sie die Grundbegriffe einer Fremdsprache kennen, können Sie ohne weiteres einen beliebigen Text in dieser Sprache simulgan nachsprechen. Das ist ein hervorragendes Training, um Ihre Fremdsprachenkenntnisse wesentlich zu verbessern. Ich spreche beispielsweise regelmäßig die französischen Abendnachrichten im Fernsehen simulgan mit. Das macht riesigen Spaß. Wenn ich in Englisch moderieren muss, mache ich einige Tage vorher dieses Simulgan-Training mit Englischkassetten. Mein Sprach- und Sprechvermögen in Englisch wird innerhalb kürzester Zeit wesentlich besser. Es ist gar nicht so wichtig, ob Sie nun 15 oder 30 Prozent des Inhalts nicht verstehen. Das, was Sie verstehen, schleift sich bei Ihnen ein. Und das ist ein gigantischer Fortschritt. Das geht alles ohne zusätzlichen Zeitaufwand. Nachrichten hören Sie sowieso.

Die SimulGAN-Technik wird das Sprachen lernen von Kassette drastisch verändern. Bei bisherigen Kassetten-Sprachlernprogrammen mussten Sie entweder die Kassette anhalten, um dann den vorgegebenen Text nachzusprechen, oder es wurde eine Pause zu diesem Zweck eingespielt. Oder aber Sie mussten den Text fast auswendig können, um ihn dann quasi im Chor zeitgleich mitzusprechen. Das alles brauchen Sie nicht mehr. Sie können sofort – beim ersten Anhören der Kassette – die Fremdsprache simulgan, minimal zeitversetzt nachsprechen. Der Übungseffekt ist um ein Vielfaches größer.

Sprachen lernen mit der Birkenbihl-Methode

In Kombination mit der Parallel-Lernmethode von Vera F. Birkenbihl, die in ihrem Buch „Stroh im Kopf?“ vorgestellt wird, ergeben sich ungeahnte neue Möglichkeiten. Was heißt zunächst Parallel-Lernmethode?

Sie hören einen Text, ob von Kassette oder Radio oder wo auch immer, und ihr Unterbewusstsein nimmt diesen Text auf, ohne dass Sie sich darauf konzentrieren müssen. Das funktioniert tatsächlich. Während ich diese Zeilen schreibe, höre ich beispielsweise mit einem Walkman eine Kassette mit französischen Nachrichten, die ich aufgenommen habe – immer und immer wieder. Sie sehen, man kann dabei ohne weiteres vollkommen konzentriert arbeiten.

Denselben Effekt gibt es, wenn Sie mit einer Gruppe von Freunden an einer Hotelbar sitzen und sich amüsiert und selbstvergessen unterhalten. Im Hintergrund spielt der Barpianist den ganzen Abend ein und dieselbe Melodie. Nachts um ein Uhr laufen Sie über den Parkplatz zu Ihrem Auto. Sie pfeifen eine Melodie. Die Melodie des Barpianisten! Sie haben nicht ein einziges Mal bewusst hingehört. Aber Ihr Unterbewusstsein hat das für Sie übernommen. Diesen Effekt nutzen wir aus. Sie hören immer und immer wieder ein und denselben Text. Sie können einen deutschen Text nehmen, dadurch verbessern Sie Ihren Wortschatz, oder aber einen Text in einer Sprache, die Sie im Ansatz bereits beherrschen. Wichtig ist, dass Sie den Text mindestens ein Mal verstanden haben. Fremde Vokabeln müssen Sie nachgeschlagen haben. (Sie können mit dieser Methode keine Ihnen völlig unbekannte Sprache lernen.) Damit verankern Sie die

Sprache in Ihrem Unterbewusstsein wie in einem See. Das simulgan Sprechen hilft Ihnen, diesen See anzuzapfen und das unbewusst Gelernte ins aktive Bewusstsein zu holen. Wenn Sie also zusätzlich zum passiven Hören den Text beim Autofahren, beim Spazieren gehen, beim Bügeln, in der Straßenbahn oder überall da, wo Sie sich nicht wesentlich konzentrieren müssen, simulgan sprechen, lernen Sie die Sprache viel schneller.[4]

Mit Suggestion die Zukunft beeinflussen

Mit der Kassettenmethode können Sie sich Botschaften suggerieren. Besprechen Sie eine Kassette mit einer Botschaft von demjenigen Menschen, der Sie gerne sein wollen, oder mit einem Ziel, das Sie erreichen wollen. Wenn Sie bis in die letzte Faser Ihres Herzens von einer Vision überzeugt sind, werden Sie sie auch erreichen. Das nennt man die sich selbst erfüllende Prophezeiung. Nehmen wir an, Sie wollen schlagfertiger werden. Wie Sie wissen, ist die Grundeinstellung wichtiger als die Technik. Die Grundeinstellung können Sie ändern. Nehmen Sie jetzt eine Kassette, und besprechen Sie sie mit Sätzen der folgenden Art: „Ich wehre mich, bevor ich in der Seele getroffen werde. Ich finde immer öfter eine schlagfertige Antwort. Ich lasse mir nichts mehr gefallen." Wichtig ist, dass Sie in der Gegenwart formulieren. Sprechen Sie eine ganze Kassette mit dieser Art von Botschaften voll, und lassen Sie sich damit per Walkman den Tag über berieseln. Sie können sich dabei ohne weiteres auf jede beliebige Tätigkeit konzentrieren. Sie werden schon nach zwei Wochen einen Effekt bemerken. Sie werden Stück für Stück ein anderer Mensch. Sie können sich diesem permanenten Einfluss gar nicht entziehen. Sie inszenieren Ihre eigene Hirnwäsche.

Nehmen wir an, Sie wollen selbstbewusster werden. Besprechen Sie eine Kassette mit der Botschaft: „Ich bin selbstbewusst. Ich werde immer selbstbewusster. Ich gehe meinen eigenen Weg."

Sie werden sehen, Ihre Realität wird sich Stück für Stück in die Richtung Ihrer Botschaft verändern. Dabei gibt es noch ein Phänomen: Selbst wenn Sie bis jetzt noch nicht im tiefsten Herzen daran glauben, was Sie da auf Kassette sprechen – durch die ständige Berieselung werden die Selbstzweifel immer geringer, und irgendwann wird Ihr Glaube an sich selbst, der ja bekanntlich Berge versetzen kann, durch nichts mehr zu erschüttern sein.

Ratgeberbücher wie dieses hier, das Sie gerade lesen, sind ein Erfolg, wenn sie eine Auflage von 5.000 bis 6.000 Exemplaren erreichen. Ich habe in meinem Leben noch nie ein Buch veröffentlicht. Dieses hier ist mein allererstes. Während ich diese Zeilen hier schreibe, höre ich eine Kassette, auf der alle paar Minuten folgender Satz zwischen den französischen Texten zu hören ist: „Mein Schlagfertigkeitsbuch verkauft sich mehr als 100.000 Mal. Mein Schlagfertigkeitsbuch verkauft sich mehr als 100.000 Mal. Mein Schlagfertigkeitsbuch verkauft sich mehr als 100.000 Mal." Diese Botschaft höre ich täglich einige hundert Mal.

Liebe Leser, Sie können nun weiter mitverfolgen, wie sich das in die Realität umsetzt. Während ich das Manuskript schrieb, war ja noch kein einziges Buch verkauft. Ich schuf mir meine eigene zukünftige Realität durch eine Suggestion. Ich hörte diese Botschaft den ganzen Tag, das verankerte sich in meinem Unterbewusstsein, und mein Unterbewusstsein wird dieses Bild sicher wahr machen: die bekannte sich selbst erfüllende Prophezeiung. Sie können mit dieser Kassettenmethode Ihre eigene Zukunft beeinflussen. Es funktioniert. (Die aktuellen Verkaufszahlen können Sie unter www.poehm.com nachlesen.)

Das Wichtigste auf einen Blick

- Je größer der gedankliche Bogen, den man noch ergänzen muss, um so schlagfertiger wirkt die Antwort.
- Je absurder das Szenario, desto schlagfertiger wirkt die Erwiderung.
- Schlagfertige Menschen sind Menschen, die Ecken und Kanten zeigen und die nicht krampfhaft wollen, dass ja niemand schlecht von ihnen reden kann.
- Eigentlich ist es gar nicht so wichtig, was Sie sagen, wichtiger ist, dass Sie überhaupt etwas sagen.
- Je größer Ihr aktiver Wortschatz ist, desto schlagfertiger können Sie reagieren.
- Trauen Sie sich, frecher zu sein, Sie dürfen es.
- Um schlagfertiger zu werden, ist es wichtig, assoziativ denken zu können.
- Schnelles Denken und großer Wortschatz können Sie mit der SimulGAN-Technik üben.
- Schlagfertigkeitstechnik (1): Unangenehme Fragen, mit Nonsens zu beantworten, wirkt sehr schlagfertig.
  - Welches ist Ihre größte Angst?

  ➯ Dass mein Hund das Singen anfängt.

---

[1] B. Voxbrandt, C. Kunze „On Course with compass grammar", S. 35

[2] Barbara Berckman „Die etwas gelassenere Art, sich durchzusetzen", S. 226

[3] Zeitschrift „Oldtimer", 1/1995, S. 3

[4] Vera F. Birkenbihl „Sprachenlernen leicht gemacht"

Aus: Matthias Pöhm: Nicht auf den Mund gefallen! (mvgVerlag, ISBN 3-478-72960-2)

Außerdem sind von **Matthias Pöhm** bereits folgende Titel im mvgVerlag erschienen:

Das NonPlusUltra der Schlagfertigkeit. ISBN 3-478-73040-6
Vergessen Sie alles über Rhetorik. ISBN 3-478-73233-6

Homepage: www.poehm.com

Nikolaus B. Enkelmann

Charisma

Erfolg zu erzielen, ohne charismatische Fähigkeiten zu besitzen – das ist heute kaum noch möglich. Begleiten Sie deshalb Nikolaus B. Enkelmann, einen der bedeutendsten Erfolgstrainer Deutschlands, auf dem Weg des Erfolgs. Entfalten Sie Schritt für Schritt Ihr Charisma und bringen Sie so Ihre Persönlichkeit zum Strahlen. Und denken Sie daran: Jeder trägt die Fähigkeit, Charisma zu entwickeln, in sich!

CHARISMA UND ERFOLG

Eine positive Ausstrahlung, Energie und Sicherheit, verbunden mit Wissen, sind die besten Voraussetzungen für Erfolg, egal ob es sich um beruflichen Erfolg oder um ein glückliches Privatleben handelt. Meist wird das Fachwissen überbewertet, denn eine weitaus größere Rolle spielt die Persönlichkeit, der Eindruck, den ein Mensch hinterläßt – heute mehr denn je.

CHARISMA-FAKTOR

Fachwissen ist nur zu einem geringen Teil am Erfolg beteiligt! Wußten Sie das?

Brian Tracy, Amerikas anerkanntester Erfolgstrainer, behauptet, daß Erfolg nur zu 15 % auf Fachwissen basiert. Ich persönlich gehe da etwas weiter. Nach meiner Erfahrung macht Fachwissen 35 % des Erfolgs aus, aber den weitaus größeren Anteil – 65 % – macht die Persönlichkeit, die Ausstrahlung aus. Deshalb lohnt es sich, Zeit und Mühe in die Entfaltung der charismatischen Fähigkeiten zu investieren. Werden Sie zu einer Persönlichkeit, der man Wünsche von den Augen abliest! Kennen Sie solche Persönlichkeiten – Menschen, die nicht einmal mehr sagen müssen, was sie möchten? Ganz von selbst erhalten sie das, was sie sich wünschen und brauchen.

So kann es einem Vorstandsvorsitzenden geschehen, daß ihm – unaufgefordert – sein Assistent die Aufstellung über die Niederlassungen auf den Schreibtisch legt. Er muß sie nicht erst anfordern, denn sein Assistent weiß, was er braucht. Der Assistent denkt mit, erledigt so eine Arbeit sofort, ohne auf Anweisung zu warten. Der Assistent ist motiviert durch das Charisma seines

Chefs. Und dieser Chef hat Charisma. Ihm fliegen die Herzen zu, er wird ge- und beachtet, und jeder will ihm eine Freude machen.

Oder die Stoffeinkäuferin eines bekannten Modehauses, der man sofort einen Kaffee serviert, ohne sie zu fragen – man weiß, man fühlt, daß sie in diesem Moment einen Kaffee braucht. Das ist Charisma – die Kunst der Verzauberung!

- Notieren Sie fünf Persönlichkeiten, denen man die Wünsche von den Augen abliest.
- Notieren Sie drei Persönlichkeiten, denen Sie die Wünsche von den Augen ablesen.
- Liest man Ihnen Ihre Wünsche von den Augen ab?
- Wer erfüllt Ihnen unaufgefordert Ihre Wünsche?

Die Zeiten der Solo-Karrieristen sind vorbei. Zum Erfolg benötigen wir immer den Einsatz und die Arbeitskraft von Mitarbeitern und Kollegen. Die Fähigkeit, Visionen zu entwickeln und Mitarbeiter dazu zu motivieren, sich für gemeinsame Ziele mit Begeisterung einzusetzen – dazu braucht man Charisma. Die Art und Weise, wie Sie mit Ihren Mitmenschen umgehen, entscheidet darüber, ob Sie Erfolg haben. Denn eigentlich haben wir nur zwei Probleme – nämlich die mit uns und die mit den anderen Menschen.

- Verstehen Ihre Mitarbeiter Sie überhaupt richtig?
- Sind Sie Ihren Mitarbeitern ein Vorbild?
- Zeigen Sie Ihren Mitarbeitern, daß diese Ihnen auch als Menschen wichtig sind?
- Erkennen Sie ihre Leistungen an?
- Auf welche Art und Weise erkennen Sie die Leistung an?
- Sehen Ihre Mitarbeiter einen Sinn in der gestellten Aufgabe?
- Sind Ihre Mitarbeiter von Ihren Visionen begeistert?

Wer positiv mit seinen Mitarbeitern umgeht erzielt positive Resultate. Es wird mit Freude gearbeitet, der einzelne bringt sich ganz ein. Die Arbeit wird rascher erledigt, Probleme werden optimal gelöst und Ziele schneller erreicht. Kurzum – Sie haben ein erfolgreiches, dynamisches Team. Positiver Umgang mit sich und anderen steigert die Lebensfreude. Wer mit Freude lebt, mit Begeisterung sich seiner Aufgabe annimmt, motiviert sich und seine Mitmenschen – und der Erfolg erhält eine Eigendynamik.

Sie haben sich für den Erfolg – für noch mehr Erfolg – entschieden, denn sonst hätten Sie nicht dieses Buch gekauft. Darum ist es wichtig, sich einmal intensiver mit diesem Begriff zu befassen.

Erfolg ist die Gewohnheit, sich auf dem richtigen Weg zu befinden, bis man seine Ziele erreicht hat.

Das klingt so einfach und erscheint in der Praxis so schwierig. Deshalb ist es unerläßlich, sich ein persönliches Erfolgskonzept zu erarbeiten, wobei die Entfaltung charismatischer Fähigkeiten ein Hauptfaktor sein muß.

Meine Erfolgsphilosophie wird Ihnen helfen, sich und Ihre Fähigkeiten zu entfalten. Sie brauchen nur an sich selbst zu arbeiten; denn alles, was wir dazu benötigen, ist in uns verborgen.

Wir sprechen heute viel vom Erfolg. Doch was verstehen Sie unter Erfolg? Konkretisieren Sie deshalb einmal in aller Ruhe: Was bedeutet Erfolg für mich? (Siehe auch Fragebogen auf Seite 41 f.)

Wissen ist Macht: Zielklarheit

Nur wer ein Ziel hat, kann auch ankommen. Unser Ziel heißt Erfolg. Doch was ist Erfolg für Sie?

Jeder versteht darunter etwas anderes. Deshalb ist es ganz wichtig, daß Sie sich darüber klarwerden, was Sie wollen. Nicht andere Menschen sollen Ihr Leben bestimmen, sondern ausschließlich Sie sollten für sich entscheiden. Lassen Sie sich nicht von Zufall, Umständen, Schicksal, Glück oder Unglück bestimmen. Nehmen Sie Ihr Leben bewußt in Ihre Hände, mischen Sie sich ein, übernehmen Sie die Verantwortung für sich. Erst wenn Sie wirklich wissen, was Sie wollen, können Sie sich gezielt an die Arbeit machen. Es geht nicht darum, wie ein Wahnsinniger zu arbeiten, sondern es geht darum, ein Ziel – sein Lebensziel – festzulegen und es zu erreichen. Konzentration auf eine Sache, auf ein Ziel, ist das Zauberwort, die Lösung.

Eigenartigerweise denkt jeder, der engagiert arbeitet, an einen Erfolg, vergißt aber häufig, genau zu definieren, was er darunter versteht. Ohne Plan geht es oft im Schneckentempo voran – zwei Schritte nach vorn, einen Schritt zurück. Man will zwar Erfolg – heute ist das mehr Geld, morgen eine höhere Position, dann wieder mehr Geld, weil das Haus renoviert werden muß … Kein Wunder, daß auf diese Art und Weise ein konstanter Fortschritt nicht sichtbar wird. Erfolg bedeutet in solchen Fällen immer nur, eine kurzfristige Reaktion auf äußere Umstände, aber nicht ein wirklich erfolgsorientiertes Denken und Planen. Haben Sie eine Erfolgsstrategie? Oder rackern Sie sich damit ab, Umsatzziele zu erreichen, Personallücken zu schließen – kurz, die täglichen Arbeiten so gut wie möglich zu erledigen? Geht es Ihnen nur darum, so einigermaßen über die Runden zu kommen und dabei auf die große Chance zu warten? So kommen Sie nicht weiter. Ein gewisses Gefühl der Unzufriedenheit macht sich ab und zu bei Ihnen bemerkbar, aber die Hoffnung auf eine Veränderung läßt Sie weitermachen.

Was also ist Erfolg für Sie persönlich?

Für den Opernsänger bedeutet Erfolg, an der Mailänder Scala zu singen; für den Schauspielschüler, an der Falckenberg-Schule aufgenommen zu werden; für ein Model, bekannter zu werden als Claudia Schiffer; für den Fußballspieler, das entscheidende Tor bei der Weltmeisterschaft zu schießen; für den Buchhalter, Millionär zu sein; und für den Abteilungsleiter, Vorstandsvorsitzender zu werden.

Erfolg kann bedeuten, sich das Rauchen abzugewöhnen, weniger fernzusehen, reiten zu lernen, mehr zu verdienen als der Bruder, höher dotierte Abschlüsse zu machen als der beste Verkäufer in Ihrer Firma. Erfolge sind für mich ganz einfach gelöste Probleme. Wir sind nicht auf der Welt, um wie im Paradies zu leben. Wir sind hier, um Probleme zu lösen. Und davon gibt es reichlich, wohin man auch blickt. Ein Problem bietet Ihnen eine Chance, zu zeigen, aus welchem Holz Sie geschnitzt sind. Welche Probleme in dieser Welt können Sie lösen? Gäbe es keine Probleme, dann gäbe es auch keine Aufgaben.

Um Erfolg zu haben, sollten Sie den Bereich finden, in dem Sie Probleme lösen können, in dem Sie Ihre Aufgaben und Ihren Lebenssinn finden. In diesem Bereich nämlich können Sie Spitze sein, können Erfolg haben und Erfüllung finden. Fragen Sie sich aber auch: „Bin ich ein Mensch, der Probleme macht, oder bin ich ein Mensch, der Probleme löst?“ In welchem Bereich kann ich am besten Probleme lösen oder – anders ausgedrückt – Erfolg haben?

Ihre Aufgabe ist es nicht, jeden Tag andere Probleme zu lösen. Ihre Aufgabe ist es, den Bereich zu entdecken, in dem Sie top sind! In diesem Bereich können Sie Ihre Fähigkeiten zum Einsatz bringen, können sich von der Masse abheben und Ihre Einmaligkeit beweisen.

CHARISMA-FAKTOR

Erfolg ist nur ein anderes Wort für Leben.

Erfolg ist so unterschiedlich wie Menschen sind. Es gibt Erfolg im Beruf, im Privatleben, im finanziellen Bereich, Erfolg als Mann oder Frau, Erfolg beim Sport oder bei den schönen Künsten. Sie können diese Liste beliebig ergänzen. Wollen Sie wirklich Erfolg? Entscheidend für Sie ist:

- Wissen Sie, welche Art von Erfolg Sie wollen?
- Sind Sie bereit, sich für Ihren Erfolg mit Begeisterung und Elan einzusetzen?

Und noch etwas Wichtiges:

Der Erfolgswille muß täglich neu geweckt werden, um dem grauen Alltag keine Chance zu geben.

Fragebogen: **Erfolg**

- Was heißt Erfolg für Sie persönlich?
- Seit wann haben Sie diese Vorstellung von Erfolg?
- Wer hat Sie zu diesem Erfolgsbild inspiriert?
- Hat sich Ihr Bild vom Erfolg im Laufe der Zeit verändert?
- Können Sie auf Erfolge zurückblicken?
- Listen Sie diese Erfolge auf!
- Welche Menschen bezeichnen Sie als erfolgreich?
- Und warum?

- Nennen Sie zehn Menschen, die für Sie das Wort Erfolg repräsentieren!
- Haben Sie ein Vorbild für Erfolg?
- Wann hatten Sie das letzte Erfolgserlebnis?
- Welche Eigenschaften zeichnen nach Ihrer Meinung erfolgreiche Menschen aus?
- Was unterscheidet den Erfolgreichen vom Versager?

Und nun zu Ihrer persönlichen Erfolgsstrategie:

- Welche Erfolgseigenschaften haben Sie?
- Was hat einen durchschlagenden Erfolg bisher verhindert?
- Welche Ziele haben Sie sich für dieses Jahr gesetzt?
- Welche Ziele haben Sie sich für diesen Monat, diese Woche, den heutigen Tag gesetzt?
- Welche Ziele haben Sie im letzten Jahr, im letzten Monat, in der letzten Woche, gestern erreicht?
- Wie können Sie die Einwirkung äußerer Einflüsse auf Ihre Pläne reduzieren?
- Was können Sie verändern, damit Sie Ihre Ziele schneller erreichen?
- Helfen Sie anderen Menschen, erfolgreich zu sein? (Wem, wie?)

Erarbeiten Sie sich eine Erfolgsstrategie. Schreiben Sie Ihre Ziele auf, führen Sie ein Erfolgstagebuch, in das Sie jeden Tag Ihre Fortschritte eintragen. Machen Sie Ihren Erfolg für sich sichtbar – anhand einer Erfolgskurve. Dann wissen Sie, wo Sie stehen und wo die Barrieren liegen. Stellen Sie die Weichen für Ihren Erfolg; denn:

CHARISMA-FAKTOR

Erfolg ist ansteckend!

Erfolg ist nicht einem Zufall zu verdanken und ist auch nicht eine Angelegenheit, die man nur einmal erlebt nach dem Motto: „Einmal erfolgreich sein, immer erfolgreich sein". Erfolg ist das, was auf Taten „er-folgt". Die Folge von Denken und Handeln ergibt Erfolg. Wir leben nicht im Paradies, sondern es ist unsere Aufgabe, unser Leben zu meistern und unsere Probleme zu lösen. Für mich ist jedes gelöste Problem ein Erfolg.

Nur durch ständige Beschäftigung mit Ihren Zielen, durch konstante Arbeit, durch Engagement und Begeisterung kann Erfolg erfolgen. Erfolg kann Ihnen zwar niemand schenken, kann Ihnen aber auch niemand nehmen. Erfolg kann nur von Ihnen selbst kommen und durch Sie selbst geschehen. Sie können die Weichen stellen; denn: Erfolg zieht Erfolg an. Alles hängt von Ihnen ab.

Erfolgsschritte:

- Zielklarheit
- Entfaltung der charismatischen Persönlichkeit
- Erfolgsdenken
- Erfolgsstrategie

CHARISMA IM BERUFSLEBEN

Das Wissen griechischer Rhetorikschulen

Mehr als 2.500 Jahre alt ist die Rhetorik – oder Redekunst, was das griechische Wort übersetzt bedeutet. Damals bezeichnete man Reden vor Gericht als Rhetorik. Später wurde die geschliffene Rede gepflegt, um bestimmte Ziele zu erreichen: Feldherren mußten ihre Heerscharen motivieren; überwältigende Leichenreden aus der Antike sind uns bekannt. Heute noch lernen die Schüler Reden aus der Antike auswendig – Reden, die auch heute die Zuhörer mitreißen und begeistern; Reden, die so überzeugend sind, daß sie die vorgefaßte Meinung der Zuhörer innerhalb kürzester Zeit völlig umwerfen und damit die Stimmung und die gesamte Situation völlig verändern.

Erhalten hat sich bis heute der Aufbau einer klassischen Rede: Einleitung – Hauptteil – Schluß. Die Rede wurde zu einer richtigen Kunst. Profis wetteiferten um den verbalen Sieg. Sokrates, Plato und Aristoteles waren die bekanntesten griechischen Rhetoriker. Jeder von ihnen hatte eine andere Auffassung von Rhetorik. Plato beispielsweise war gegen die Rhetorik, die er als Trick bezeichnete, um bestimmte Empfindungen im Gesprächspartner zu erwecken. Nach seiner Meinung würde die Redekunst mißbraucht, um von der Wahrheit abzulenken und persönliche Ziele zu erreichen. Sokrates beschritt den Frage-Antwort-Weg – heute noch als sokratischer Dialog bekannt. Den Zuhörer zu überzeugen, war für Sokrates der Zweck der Redekunst. Eine andere Richtung schlug Aristoteles ein: Überzeugende Argumentation, richtige Beweisführung, Berücksichtigung psychologischer Aspekte sowie Emotionen versuchte er zu verbinden. Hinzu kam der Aufbau der Rede sowie die Stillehre. Sein Werk wurde im Laufe der Zeit vervollständigt.

Bei den Römern war es Cicero, der sich um die Redekunst verdient machte. Später wurde Rhetorik sogar in der Schule gelehrt. Im ersten Jahrhundert nach Christus schuf Quintilian das vielleicht bekannteste Lehrbuch, das auch heute noch Bedeutung für die Rhetoriklehre hat.

Im Mittelalter gehörte Rhetorik zur höheren Bildung. Der Schwerpunkt verlagerte sich auf die Interpretation und hier besonders auf die Interpretation der Bibel. Rhetorik konzentrierte sich zu dieser Zeit auf die Rede vor Gericht, die Predigt in der Kirche sowie auf das Schreiben geschliffener Briefe. Im 15.

Jahrhundert wurden Reden zu allen möglichen Anlässen modern. Dann eroberte die Rhetorik die Politik – Robespierres und Dantons Wortgefechte wurden berühmt. Auch in Deutschland gewann die Redekunst im politischen Bereich an Bedeutung. Als exzellente Redner im 19. Jahrhundert galten Bismarck und Lasalle.

Rhetorische Fähigkeiten sind heutzutage wichtiger denn je. Überall werden Reden abgehalten – bei Parteien, Gewerkschaften oder im Verein. Reden wird „in". Und seit Medien wie Radio und Fernsehen populär sind, geht nichts mehr ohne die Kunst des Redens.

Aber alles, was man gebrauchen kann, kann auch mißbraucht werden. Das mußten wir im Dritten Reich erleben.

Seit den 50er Jahren wurde Rhetorik im Geschäftsleben – aber auch im Privatleben – zunehmend wichtiger. Heutzutage ist es üblich, daß Firmen ihre Mitarbeiter zu Rhetorikseminaren schicken. Es gibt Rhetoriktrainings für Verkäufer, für Redner, für PR-Leute ... Das richtige Wort – richtig gesprochen –, schon seit der Antike spielt es eine wichtige Rolle im menschlichen Leben.

Haben Sie gewußt, daß die deutsche Sprache über etwa 400 000 Wörter verfügt? In der Regel benutzt der Deutsche jedoch nur 1 %, also 4.000 Wörter, um seine Gedanken, Wünsche und Gefühle auszudrücken, um zu überzeugen, zu motivieren und zu begeistern. Es überrascht deshalb nicht, daß es bundesweit nur einen einzigen Rhetorikprofessor an der Universität in Tübingen gibt. Wortarmes Deutschland! Wir reden so viel und sagen doch so wenig. Wir reden aneineinander vorbei, weil wir uns nicht korrekt ausdrücken. Wir erwarten einfach vom Gesprächspartner, daß er mit unseren Aussagen etwas anfangen kann. Dabei setzen wir als selbstverständlich voraus, daß er all das, was wir wissen, denken und glauben, auch weiß. Doch das ist der große Irrtum. Ihr Gegenüber kann nur mit dem etwas anfangen, was Sie ihm sagen. Nicht mehr und nicht weniger. Dazu kommt das Problem, daß jeder von uns seinen eigenen, individuell geprägten Wortschatz hat und wir uns auch deshalb nicht verstehen. Wie soll man unter diesen Voraussetzungen eine gemeinsame Basis finden?

Mißverständnisse, Ärger, Fehlentscheidungen und Mißerfolg sind die logischen Konsequenzen, wenn wir nicht lernen, uns richtig auszudrücken, wenn wir nicht lernen, brillant zu sprechen.

CHARISMA-FAKTOR

Das richtige Wort zur rechten Zeit richtig sprechen!

Ohne rhetorische Fähigkeiten ist ein Manager zum Scheitern verurteilt. Wir haben es mit immer komplizierteren Sachverhalten zu tun, die genau erklärt werden müssen. Wie soll ein Mitarbeiter das neue Konzept verstehen, wenn es nicht klar und eindeutig definiert wird? Wie soll er sich damit identifizieren, wenn er nicht dafür motiviert wird? Warum soll er Mehrarbeit in Kauf nehmen, Neues dazu lernen? Wie soll ein Chef seine Mitarbeiter motivieren, wenn ihm die Worte fehlen? Aber oftmals werden ja viel zu viele Worte gemacht – in stundenlangen Sitzungen wird diskutiert, diskutiert und nur diskutiert –, und anhand von Beweisen will sich jeder durchsetzen. Doch was ist das Resultat der Diskussionen mit Beweisführung? Vielleicht werden ja so Meinungen durchgesetzt – auf die harte Art. Überzeugung, Motivation oder Begeisterung kann auf diese Art und Weise aber nicht erreicht werden. Das ist einfach zu erklären: Das Diskutieren stört die rechte Gehirnhälfte, sie schaltet ab, und so arbeiten wir nur mit der linken Seite. Ruhige, überzeugende Argumente kommen nicht mehr an. Der Gesprächspartner blockt ab. Für mich kommt Beweisführung einer intellektuellen Vergewaltigung gleich.

Deshalb eine wichtige Frage:

Wie sieht es mit Ihren Kommunikationsfähigkeiten aus?

- Müssen Sie Anordnungen,Wünsche usw. oft wiederholen?
- Wird alles nach Ihren Anweisungen korrekt erledigt?
- Haben Sie den Eindruck, daß Ihre Gesprächspartner Sie richtig verstehen?
- Woran bemerken Sie das?
- Bemerken Sie häufig fragende Blicke, wenn Sie etwas gesagt haben?
- Gibt es viele Mißverständnisse?
- Wie oft werden Sie gefragt: „Wie haben Sie das gemeint?"

Von der Rhetorik zur Verkaufspsychologie

Wir sind alle Verkäufer – ob Sie Controller sind, Art Director, Vertriebsleiter, Marketing-Chef oder Chefsekretärin sind. Sie verkaufen jeden Tag Ihre Fähigkeiten, Ihre Vorstellungen, Ihre Kenntnisse. Dabei kommt es nicht auf das Wissen an, sondern auf die Art und Weise, wie Sie sich präsentieren, wie Sie Ihren Gesprächspartner „erreichen" und ob Sie ihn überzeugen können. Nicht umsonst wird Rhetorik auch als die Lehre von der Wirkung des Menschen bezeichnet. Dazu gehören die Persönlichkeit, die Ausstrahlung durch Sprache und Körpersprache.

Gehen wir davon aus, Sie sind rhetorisch fit, sind ein Profi in der Gesprächsführung – und doch reicht das noch immer nicht aus, wenn Sie wirklich top sein wollen. Noch wichtiger als die reine

Technik ist es nämlich, den Gesprächspartner und sein Vertrauen zu gewinnen. Der Einfachheit halber spreche ich von Käufer und Verkäufer, doch das Gesagte beschränkt sich nicht auf den Verkauf von Waren, sondern auch um den „Verkauf“ von Emotionen, Ideen, Visionen, Zielen …

1. Eine Vertrauensbasis schaffen
   Das Wichtigste – und auch das Schwierigste – ist, Vertrauen zwischen Verkäufer und potentiellem Käufer herzustellen. Nicht Argumente zählen, sondern die Fähigkeit des Verkäufers, Zugang zum Herzen des Kunden zu finden. Wer nur den Verkauf seiner Produkte im Sinn hat, nur seine Meinung durchsetzen will, also vom Kopf her operiert, der spricht auch nur den Kopf an, der kann kein Vertrauen gewinnen. Auf den Kunden zugehen, seine Bedürfnisse und Wünsche wirklich ernst zu nehmen, das ist der Weg zum Erfolg. Wenn Sie wissen, welche Dinge Ihr Kunde mag und welche er nicht schätzt, können Sie dies bei Ihrer Argumentation berücksichtigen. Wenn Sie Ihren Kunden als Menschen ansehen – als einen Freund, für den Sie Ihr Bestes geben –, dann wird Ihr Kunde zu einem Freund, der Ihnen vertraut, und er wird auf Ihren Rat hören.

Gefühle lenken und verstärken die Konzentration unbewußt, aber nachdrücklich.

Wenn Sie Ihrem Kunden eine neue Werbestrategie vorschlagen, dann fallen Sie sicher nicht mit der Tür ins Haus, sondern schaffen erst einmal eine harmonische Atmosphäre. Sie bieten ihm bestimmt keinen Kaffee an, wenn Sie bemerkt haben, daß er Teetrinker ist. Und wenn Sie besonders aufmerksam sind, dann kennen Sie auch seine Lieblingssorte. Damit erweisen Sie Ihrem Kunden Respekt und zeigen ihm, daß er Ihnen wichtig ist – so wichtig, daß Sie auf seine Vorlieben

achten und sie berücksichtigen. Ihr Kunde fühlt sich wohl, öffnet sich für Ihre Argumente.
Wenn Sie wissen, daß der Konzern, bei dem Sie sich vorstellen, ein neues Produkt auf den Markt bringen wird, dann werden Sie sicherlich eine positive Bemerkung dazu machen. Sie signalisieren damit Interesse am Unternehmen, zeigen Engagement und schaffen eine gute Gesprächsbasis. Und Sie werden unwiderstehlich, wenn Sie sich für Ihr Gegenüber interessieren. Viele Menschen denken, sie müßten immer von sich sprechen, damit man ihnen Aufmerksamkeit schenkt. Weit gefehlt! Schenken Sie Aufmerksamkeit, und jeder wird auf Sie achten!
So gibt es viele Kleinigkeiten, mit denen Sie Herzen öffnen können.
Was strahlen Sie aus?

- Fühlt man sich in Ihrer Gegenwart wohl?
- Sucht man Ihre Gegenwart?
- Was macht Ihre Gegenwart so angenehm?
- Wissen Sie, was Ihr Gesprächspartner wirklich von Ihnen will?

2. Sensibel agieren
Wenn Sie zu einem wichtigen Gesprächstermin gehen – und welches Gespräch wäre nicht wichtig? –, dann sollten Sie Ihre Antennen ganz ausfahren. Viele Menschen sind nur darauf konzentriert, wie sie ihrem Gegenüber ihre Idee oder ihr Produkt verkaufen können; sie sind so mit sich selbst beschäftigt, daß sie gar nicht bemerken, daß die Stimmung für ein Verkaufsgespräch nicht besonders günstig ist – sei es, daß der Kunde unter Druck steht, Probleme ganz anderer Art hat oder kein echtes Interesse an dem Produkt hat –, all dies aber nicht ausspricht.

CHARISMA-FAKTOR

Signale wahrnehmen

Ein aufmerksamer Beobachter, dessen Anliegen es ist, wirklich zufriedene Kunden zu haben, wird solche „Störungen" nicht übersehen. Ein kurzes freundliches Gespräch ist sinnvoller als der von vornherein vergebliche Versuch, einen Auftrag zu erhalten. Motto: Wichtig ist der Kunde, vorrangig ist sein Wohlbefinden.
Sehr sensibel reagiert übrigens jeder Mensch auf Zeit. „Wieviel Zeit bin ich meinem Gesprächpartner wert?" Zu spät kommen, zu früh gehen, der tödliche Satz: „Ich habe keine Zeit …" Wissen Sie, wieviele potentielle Kontakte damit von vornherein unwiderruflich zerstört werden?
Wenn Sie keine Zeit für Ihren Gesprächpartner haben, egal ob das der Pförtner in Ihrem Unternehmen ist oder der Aufsichtsratsvorsitzende, dann sollten Sie Ihre Zeitplanung kritisch überprüfen.
Ist Ihnen aufgefallen, daß charismatische Persönlichkeiten niemals den Eindruck erwecken, als stünden sie ständig unter Zeitdruck? Vielmehr zeichnet sie aus, daß sie sich für jeden Zeit nehmen, daß sie für jeden ein freundliches Wort, ein Lächeln übrig haben.

3. Menschenkenntnis
   Je mehr Menschenkenntnis Sie besitzen, desto besser können Sie Ihren Gesprächspartner einschätzen, desto leichter können Sie sich auf ihn einstellen. Es wäre natürlich praktisch, könnte man Menschen klassifizieren in Freundliche, Konservative, Aufgeschlossene, Verschlossene usw. Aber jeder Mensch hat verschiedene Facetten. Es kommt das zum Vorschein, was Sie in Ihrem Gegenüber ansprechen:

Herr Müller hat jedes Mal feuchte Hände, wenn er zum Chef gerufen wird. Er ist verkrampft und unsicher; denn er ist der festen Überzeugung, der Boß mag ihn nicht. Ganz anders dagegen reagiert Herr Huber. Er geht locker und gelassen in die Vorstandsetage. Zu ihm ist der Chef freundlich, und er bringt viele seiner Vorschläge durch. Er ist der Überzeugung, der Boß ist ihm wohlgesonnen.

Erwarten Sie von anderen Menschen, daß sie positiv, freundlich, aufgeschlossen sind, dann werden Sie in der Regel genau das erhalten. Erwarten Sie umgekehrt, daß Ihre Vorschläge abgeschmettert werden, daß jemand Sie nicht mag, dann aktivieren Sie in Ihrem Gegenüber allein durch Ihre Einstellung just dieses Verhalten. Es geschieht, was Sie erwarten. Probieren Sie es einfach einmal aus! Denn nichts überzeugt mehr als die eigene Erfahrung.

Wählen Sie drei Personen aus, von denen Sie annehmen, daß sie Sie nicht besonders mögen, die nicht gerade entgegenkommend oder überschwenglich freundlich sind. Sagen Sie sich jetzt, daß diese Menschen Sie mögen, daß sie Ihre Vorschläge akzeptieren, ja begeistert von Ihren Ideen sind. Diesen Gedanken verbinden Sie nun auch mit einem Bild. Nehmen wir ein Beispiel:

Stellen Sie sich vor, wie Sie zum Chef gehen, er Sie freundlich empfängt, sich nach Ihnen und Ihrem Befinden erkundigt. Sie führen ein angenehmes Gespräch, Ihr Vorschlag wird angenommen, und Sie verlassen mit einem positiven Gefühl den Raum. Sie wissen, Ihr Chef respektiert Sie, er mag Sie sogar.

Machen Sie solche Übungen des mentalen Trainings konsequent, und notieren Sie dann die Veränderungen im Verhalten Ihrer Mitmenschen. Was Sie in einem anderen Menschen ansprechen – besonders auch unbewußt –, das wird wirksam; denn: (Positive) Erwartungen steuern unser Verhalten.

Mit der Erfahrung kommt das Wissen. Ein geiziger Typ reagiert auf andere Argumente als ein innovativer, der Zögerer und Zauderer muß anders angepackt werden als der Angeber. Sich vor dem Gespräch auf den Kunden, den Mitarbeiter oder den Kollegen vorzubereiten, sich auf seine ganz individuelle Einstellung und Verhaltensweise einzustellen, sich in seine Gefühlswelt, in seine Argumentationen und Wünsche einzufühlen, das ist für einen Menschen mit Charisma ganz normal. Von vornherein ist damit eine gute Basis für Gespräche gegeben. Jeder fühlt sich wohl.

4. Nicht überrumpeln – überzeugen!
   Manchmal dauert es etwas länger, einen Kunden wirklich zu überzeugen. Doch Geduld zahlt sich aus. Wenn ein Kunde, ein Mitarbeiter wirklich überzeugt ist von Ihren Argumenten, dann haben Sie gewonnen – nicht nur einen Auftrag abgeschlossen, sondern Sie haben auf der ganzen Linie gewonnen. Ihr Kunde, Ihr Mitarbeiter vertraut Ihnen, ist überzeugt von Ihren Argumenten und folgt Ihrem Rat bzw. engagiert sich für Ihr Vorhaben.
   Mit geschickten Methoden gelingt es sicherlich manchmal, einen zögernden Kunden zu einem Vertragsabschluß zu überreden – doch das funktioniert in der Regel nur einmal. Ein überzeugter Kunde aber kommt immer wieder. Mit Mitarbeitern ist das einfacher – man ordnet eben an. Doch das Resultat ist nicht überwältigend, wenn der Mitarbeiter nicht überzeugt ist, wenn er lediglich die Arbeit erledigt. Nehmen Sie sich die Zeit, andere Menschen von Ihren Ideen oder Produkten zu überzeugen; nicht überreden, nicht überrumpeln, nicht drängen – überzeugen! Zum Überzeugen gehört übrigens nicht nur reden, wie so viele Menschen glauben. Zuhören, genau hinhören, was der andere sagt, sich in seine Situation versetzen – das ist ebenso wichtig wie zutreffende Argumente. Je mehr Ihr Gesprächspartner von seinen Wün-

schen und Vorstellungen preisgibt, desto besser können Sie auf seine Argumente eingehen. Aktives Zuhören ist ein wesentlicher Bestandteil der Überzeugungskraft!

5. Kundenpflege – von Herz zu Herz
   Kontakte sind wie Pflanzen; sie benötigen ständige Pflege. Wenn Sie Ihren Blumenstock nur dann gießen, wenn er blüht, wird er Sie nicht lange erfreuen. Wenn Sie Ihren Kunden nur anrufen und besuchen, wenn Sie ihm etwas verkaufen möchten, dann weiß er, für Sie ist er lediglich ein Objekt. So geht es auch Ihrem Mitarbeiter: Gespräche auf rein geschäftlicher Ebene, kein privates Wort, keine Nachfrage nach dem Befinden, nach der Familie. Der Mitarbeiter, der Kunde fühlt sich nicht angenommen – die emotionale Ebene wird einfach negiert. Die Folgen sind katastrophal, das Ergebnis kommt über das Mittelmaß nicht hinaus. Für charismatische Führungspersönlichkeiten ist der Kontakt auf der emotionalen Ebene ein echtes Bedürfnis, denn auf dieser Ebene entscheidet sich letztlich alles: Auftrag, Engagement, Erfolg.
   Guter, vertrauensvoller Kontakt sichert Folgeaufträge. Kleine Mühe – große Wirkung: Ein Anruf, ein Besuch oder eine kleine Aufmerksamkeit – und sei es auch nur, auf einen interessanten Artikel in der Zeitung hinzuweisen – zeigt Ihrem Kunden, daß Sie ihn als Mensch zu schätzen wissen. Die Frage, ob sein Kind wieder gesund ist, zeigt Ihrem Mitarbeiter, daß Sie zugehört haben, als er Ihnen gegenüber seine Sorgen erwähnte, und daß er für Sie wichtig ist. Er fühlt sich deshalb wohl, arbeitet gern für Sie. Der Weg zum Erfolg führt über die Herzen Ihrer Mitmenschen.

CHARISMA-FAKTOR

Der Erfolg Ihres Lebens wird bestimmt von der Fähigkeit, positiv zu sprechen.

6. Persönlichkeit zieht an

   Ein Verkäufer, der Optimismus, Elan und Sympathie ausstrahlt, zieht den Kunden an. Nicht allein die Worte überzeugen, die nonverbalen Signale wirken auf die nonverbale Ebene des Kunden ein. Stimmlage, Tonfall, Sprechgeschwindigkeit, Mimik, Körpersprache und auch die Kleidung sprechen das Unterbewußtsein an. Die Wirkung der Persönlichkeit wirkt auf andere, deshalb ist die Arbeit an der Persönlichkeit so wichtig.

   Die wenigsten Menschen befassen sich intensiv mit sich selbst und mit ihrer Wirkung auf andere. Dabei ist die eigene Wirkung – die Ausstrahlung – einer der entscheidendsten Faktoren für Erfolg oder Mißerfolg. Denn erst das Wissen, wie man auf andere Menschen wirkt, macht es uns möglich, Schwächen abzulegen und Stärken zu verstärken. Dann gibt es nichts mehr, was uns davon abhalten könnte, zu einer strahlenden Persönlichkeit zu werden. Trainieren Sie Ihre Wirkung auf andere Menschen.

7. Der Name ist das Wichtigste im Leben

   Um so erstaunlicher ist es, daß so viele Menschen geradezu achtlos mit Namen umgehen. Sie kennen zwar die genaue Typ-Bezeichnung des neuesten Porschemodells, aber wenn es um die Namen von Mitarbeitern, Kunden oder Kollegen geht, sind sie da sehr nachlässig. Oft höre ich: „Namen kann ich mir einfach nicht merken…“ Wenn das auch bei Ihnen so ist, dann brauchen Sie sich nicht zu wundern, wenn Sie von vornherein schon verloren haben. Der Kunde will im Mittelpunkt stehen, will das Gefühl haben, daß er Ihnen wichtig ist. Doch wie kann er das, wenn Sie nicht einmal seinen Namen für wichtig erachten?

   Der Mensch ist das einzige Wesen, das über seinen Wert selbst entscheidet. Der Mensch kann alles erlernen. Wenn Sie mit dem Merken von Namen Probleme haben, dann ar-

beiten Sie mit Eselsbrücken. Schreiben Sie sich die Namen auf, die Sie sich nicht merken können, und lernen Sie diese systematisch auswendig. Achten Sie vor allem darauf, daß Sie von vornherein den Namen des Kunden korrekt erfassen. Ich kenne Menschen, die werfen Briefe ungeöffnet weg, wenn der Name auf dem Kuvert auch nur einen einzigen kleinen Fehler enthält.
Denken Sie aber auch daran: Ihr Name ist genauso wichtig. Sorgen Sie dafür, daß Ihr Kunde Ihren Namen richtig hört, melden Sie sich am Telefon klar und deutlich mit Ihrem Namen. Bestes Beispiel ist 007. Sie erinnern sich, wie er sich vorstellt: „Mein Name ist Bond, James Bond." So prägt sich ein Name fest im Unterbewußtsein ein.

8. Die richtige Gesprächsführung
Die drei Phasen des Gesprächs: Wie in der Natur, so läuft es auch bei einem erfolgreichen (Verkaufs-)Gespräch ab:

– Säen	– Vertrauen bilden
– Wachsen	– Überzeugen
– Ernten	– Abschluß

Sowenig, wie Sie eine Frucht dazu bringen können (außer mit unnatürlichen Mitteln), früher zu reifen, sowenig können Sie Ihren Kunden mit Druck zu einem schnelleren Abschluß bringen bzw. Ihren Mitarbeiter überzeugen. Aufbau von Vertrauen, die Phase der Überzeugung – es benötigt Zeit, wenn Entschlüsse wirklich reifen sollen. Ein guter Verkäufer oder Vorgesetzter weiß das und unterstützt diesen Prozeß, indem er die Führung übernimmt, indem er seinen Kunden, seinen Mitarbeiter hypnotisiert. Mit Ruhe, Aufmerksamkeit, guten Argumenten und Geduld wachsen Sicherheit und Vertrauen. Charismatischen Verkäufern scheint der Erfolg förmlich zuzufliegen – sie gewinnen durch ihre magische Ausstrahlung.

Viele Menschen glauben, man kann nur durch Beweise überzeugen, so haben wir es ja auch in der Schule gelernt. Wer mit Beweisen operiert, der ist auch davon überzeugt, daß er recht hat. Betrachten wir jedoch einmal diese sogenannten Beweise genauer, dann erkennen wir, daß sie einer Prüfung meist gar nicht standhalten. Sicher ist, daß der Gesprächspartner vor den Kopf gestoßen wird, innerlich total abblockt; das Gespräch ist gelaufen. Ich bezeichne Beweise als eine Art intellektueller Vergewaltigung. Analysieren Sie erfolglose Verhandlungen, und Sie werden feststellen: Wer mit Beweisen arbeitet, erleidet Mißerfolge.

Persönlichkeit – Ausstrahlung

Zur charismatischen Ausstrahlung gehören auf jeden Fall folgende Eigenschaften und Fähigkeiten:

1. Visionen haben und sie vermitteln
   Wir kommen zurück auf den Sinn unseres Lebens, unseres Tuns. Die Vision eines Politikers mag es sein, sein Land aus der Wirtschaftskrise zu führen, die Vision des Fußballtrainers ist es, die Weltmeisterschaft zu gewinnen, der unbekannte Tenor sieht sich mit Placido Domingo zusammen auf der Bühne stehen. Ohne Vision gibt es keinen Fortschritt, keine Ziele und keinen Erfolg.
   Überzeugen, das ist der erste Schritt, aber es reicht nicht aus. Ihre Mitarbeiter müssen sich mit Ihrer Vision identifizieren, müssen sich für ein gemeinsames Ziel begeistern können. Dazu sind sie nur in der Lage, wenn sie auch einen Sinn für sich selbst in der von Ihnen vermittelten Vision erkennen können. Ist Ihnen das gelungen?

   - Was bringt Ihre Vision Ihren Mitarbeitern?
   - Welchen Vorteil haben sie davon?

- Welchen Sinn sehen Ihre Mitarbeiter in der Realisation Ihrer Vision?
- Warum sollten Ihre Mitarbeiter sich für Ihre Vision engagieren?
- Wie vermitteln Sie Ihre Vision?
- Was kann andere Menschen an Ihrer Vision begeistern?
- Haben Sie den Eindruck, Ihre Gedanken, Ihre Worte „kommen an“ bei Ihren Mitarbeitern?
- Sind Sie von Ihrer Vision so überzeugt, daß Sie voller Begeisterung von Ihrem Ziel sprechen?

Ein Mensch, der weiß, was er will, hat genaue Visionen von der Zukunft. Wer orientierungslos ist, tritt auf der Stelle, läuft im Kreis, kehrt um und strauchelt.

Viele Menschen haben Visionen, die sie tief in ihrem Herzen tragen, aber gar nicht wagen, darüber zu sprechen. Doch solange Visionen nicht weitergegeben werden, können sie nicht Realität werden. Warum haben nicht mehr Menschen den Mut, ihre Visionen umzusetzen? Träumen auch Sie nur von Ihren Zielen? Sind Sie nur in Ihren Träumen der Topmanager, der erfolgreiche Unternehmer mit den überwältigenden Ergebnissen? Warum begnügen Sie sich mit Träumen, wenn Sie doch alles in sich tragen, um diese Träume Realität werden zu lassen? Fehlt Ihnen die Überzeugung von der eigenen Idee? Haben Sie doch einfach den Mut zu einem hohen Ziel! Sie sind Spitze, und Sie können alles, wenn Sie es wirklich wollen! Die meisten Menschen wissen nur nicht so genau, was sie wirklich wollen. Heute ist es dies, morgen ist es etwas anderes. Damit vergeudet man Zeit und Energie, und eines Tages blickt man auf sein Leben zurück und muß erkennen, daß man gelebt hat, wie ein Hase hoppelt – im Zickzack-Kurs. Aber noch ist es nicht zu spät. Stellen Sie sich die Gretchenfrage: Wohin will ich, welche Visionen habe ich?

Konzentration ist verdichtete Energie!

Sie haben Ihren Lebenssinn gefunden, Sie wissen, was Sie wollen, und Sie haben eine einzige, großartige Vision. Diese Vision darf nicht nur den Verstand ansprechen, sie muß immer auch das Innere des Menschen berühren, seine Gefühle, Bedürfnisse und Wünsche.
Vergessen Sie nicht: Eine Vision hat ihre Wurzeln in der Realität – ihren Zielpunkt aber in der Zukunft.

2. Vertrauen zu sich und seiner Vision
Nehmen wir an, Ihre Vision ist, Ihre Werbeagentur zur Nummer eins in Deutschland zu machen. Ihre Agentur liegt momentan gut im Mittelfeld, Sie sind spezialisiert auf Dienstleistungsunternehmen, haben einige interessante Großkunden, haben sehr gute Mitarbeiter, aber Sie möchten mehr. Die Basis ist gegeben – die Wurzeln sind in der Realität angesiedelt.

Am Anfang jeder Tat steht die Idee. Nur was gedacht wurde, existiert.

Wie vorgehen? Machen Sie sich einen Stufenplan. Es ist leichter, sich in kleinen Schritten vorwärts zu bewegen, als zu versuchen, den großen Sprung zu schaffen. Mit kleinen Schritten lassen sich auch Kurskorrekturen besser vornehmen, es bricht nicht gleich das Gesamtkonzept zusammen.
Arbeiten Sie mit Suggestionen, schalten Sie Ihr Unterbewußtsein ein. Sie können keinen besseren Verbündeten, keinen zuverlässigeren Helfer finden. Erarbeiten Sie sich Ihre persönliche Erfolgsformel. Und vervollständigen Sie Ihr Erfolgskonzept, indem Sie sich bildlich vorstellen, wie die Aufträge eintreffen, wie die Umsatzzahlen steigen, wie Ihre Agentur Schritt für Schritt vorankommt.
Jeder Gedanke, den Sie denken, ist bereits ein Teil der Realität. Erinnern Sie sich:

Das Unterbewußtsein – die Baustelle des Lebens und der Arbeitsraum der Seele – hat die Tendenz, jeden Gedanken zu realisieren.

Reihen Sie einen kleinen Erfolg an den anderen. Jeder noch so kleine Schritt verstärkt in Ihnen das Vertrauen in Ihr großes Ziel. Ihre Vision, wird für Sie selbst jeden Tag mehr zu einer Realität. Sie sind überzeugt von dieser Vision, und diese Überzeugung können Sie Ihren Mitarbeitern vermitteln.

Ihre Mitarbeiter werden mit jedem kleinen Erfolg – ein neuer Kunde, ein größerer Auftrag – mehr motiviert, weil auch sie am Erfolg partizipieren.

- Wer möchte nicht zur Topagentur in Deutschland gehören?
- Wer möchte nicht an einem Millionenauftrag beteiligt sein?
- Wer möchte nicht mit Stolz sagen können, diese Anzeige, diesen Mediaplan oder diesen Text habe ich gemacht?

Ihr Vertrauen zu Ihren Zielen überträgt sich auf Ihre Mitarbeiter. Und zusammen schaffen Sie es!

3. Fachkenntnis

   Auch wenn Fachkenntnisse nicht über den Erfolg entscheiden – erinnern Sie sich, nur zu 35 % sind Fachkenntnisse am Erfolg beteiligt –, so sind sie aber dennoch notwendig. Es ist kaum vorstellbar, daß jemand, der von Werbung keine Ahnung hat, die Topagentur in Deutschland leiten wird. Aber alles ist erlernbar. Wenn Sie feststellen, daß Ihre Begabung mehr im künstlerischen, im politischen oder im verkäuferischen Bereich liegt, dann ist es doch kein Problem, sich in dieses Gebiet einzuarbeiten, zu lernen und sich Kenntnisse anzueignen.

   Fachkenntnisse sind notwendig, damit Sie überzeugen können – Ihre Kunden und Ihre Mitarbeiter. Sie können keine

Ziele vorgeben, keine Visionen vermitteln, wenn Sie die Materie überhaupt nicht kennen. Über ein gewisses Maß an Fachkenntnissen müssen Sie verfügen, denn sonst können Sie nicht entscheiden, sind nicht frei und unabhängig. Haben Sie diese Voraussetzung für Ihre Vision?

4. Kommunikationsfähigkeit
   Was nützen eine überzeugende Vision, ausgezeichnete Fachkenntnisse, wenn Sie nicht in der Lage sind, anderen Menschen Ihre Vision anschaulich vor Augen zu führen? Ihr Vorhaben ist von vornherein zum Scheitern verurteilt, wenn niemand Sie richtig versteht, wenn keiner von Ihrer Begeisterung angesteckt wird. Richtig kommunizieren bedeutet, den anderen Menschen dort anzusprechen, wo er gerade steht. Ihre Mitarbeiter haben wenig Interesse, sich dafür aufzuarbeiten, daß Ihr Gehalt sich verdoppelt. Aber wenn Ihre Mitarbeiter mehr verdienen, weil die Firma größere Aufträge erhält, dann wird sich jeder verstärkt für die Firma einsetzen. Bevor Sie Ihre Ziele aufzeigen, sollten Sie sich fragen, was daran für Ihre Mitarbeiter von Vorteil ist.
   Eine genaue Definition, Planung und gemeinsame Erfolgskontrolle gehören ebenso zur Kommunikation wie überzeugendes Reden und klare Anweisungen. Lassen Sie sich Feedback geben, damit Sie wissen, ob man Sie richtig verstanden hat!
   Unter Kommunikationsfähigkeit verstehe ich nicht allein die richtige Wortwahl, sondern auch das wirkliche Verständnis, das fließende Hin und Her von Informationen, den Austausch von Gedanken. Entscheiden Sie sich dafür, Ihre Vision zu realisieren!

Die meisten Menschen sitzen das ganze Leben im Bremser-Häuschen. Besser: Gas geben! Nach den Sternen greifen!

Entfalten Sie Ihr Charisma, zeigen Sie, daß Sie eine Führungspersönlichkeit sind, der man mit Begeisterung folgt. Ihre Vision ist es wert, sich dafür einzusetzen, sich dafür anzustrengen, weil diese Vision einen Sinn hat.

Stellen Sie Ihre Vision auf den Prüfstand:

- Erfüllt sie die Ansprüche?
- Stehen Sie selbst mit Herz und Verstand hinter Ihrer Vision?

Resümee: Was nützt eine Vision, wenn Sie selbst nicht zutiefst davon überzeugt sind, daß Ihre Idee einmalig und zugleich realisierbar ist? Dann ist und bleibt es nur eine Idee.

Was nützt eine Vision, wenn die nötigen Fachkenntnisse nicht vorhanden sind? Auch dann bleibt die Vision nur eine Illusion. Vertrauen und Fachkenntnisse sind nötig, bewirken aber allein noch gar nichts, wenn es Ihnen nicht gelingt, Ihre Mitarbeiter zu überzeugen, zu begeistern und zu motivieren. Die Fähigkeit zur Motivation – ohne Kommunikation nicht möglich.

Ohne Vision – kein Charisma!

Aus: Nikolaus B. Enkelmann: Charisma (mvgVerlag, ISBN 3-478-72520-8)

Peter Kummer

Warum geschieht gerade das ausgerechnet mir?

Unsere Vorstellungen, Überzeugungen und nicht zuletzt unsere Gedanken bestimmen alle Lebensumstände, mit denen man täglich konfrontiert wird. Doch durch positive Zielsetzung und den bewußten Umgang mit unseren Gedanken können wir Schwierigkeiten und komplizierte Lebenssituationen meistern. Peter Kummer, einer der populärsten Vertreter des Positiv Denkens im deutschsprachigen Raum, zeigt, welche Macht die Gedanken in unserem Leben haben, wie man Furcht bewältigt und mehr Spaß am Leben gewinnt.

Der Gedanke als Ursache

Es gibt wohl keine stärkere und mächtigere Kraft im Universum als die unserer Gedanken. Genauer gesagt zieht jeder von uns immer nur das aus seinem Leben heraus, was er selbst zuvor in dieses Leben hineingedacht hat. Gedanken haben sehr viel mehr Macht als alle Panzer, Granaten und Armeen dieser Welt. Erst aufgrund der Existenz von Gedanken konnten die Kriegsmaschinerien mit ihrer gesamten und geballten Vernichtungskraft ja überhaupt erst Wirklichkeit werden.

Zunächst einmal entspringt jeder Gedanke, den wir denken, unserem Geist und ist somit ein Kind dieses Geistes, also ein Ableger oder auch geistiger Same. *Der Gedanke selbst ist immer und ewig schon die einzig unsichtbare Ursache allen Seins auf dieser Welt, egal ob materiell oder immateriell.* Diese geistige Gedankenkraft – und das ist sehr wichtig zu wissen – stellt einen stets wechselnden, von nichts auf der Welt beeinflußbaren Teil eines ewig gültigen Naturgesetzes dar. Gesetze – und ganz besonders Naturgesetze – haben niemals Launen; sie sind völlig unbestechlich, unpersönlich und durch nichts in ihrer Wirkung beeinflußbar. Gesetze sind demnach reine Prinzipien und absolut keine Frage von Können und Wollen. Gleichzeitig sind Gedanken riesige Energiepotentiale, die uns bei richtiger Anwendung unsere kühnsten Pläne verwirklichen helfen; sie sind aber auch in der Lage, unser ganzes Leben zu zerstören, wenn wir nicht lernen, richtig mit ihnen umzugehen.

Der Zusammenschluß all unserer Gedanken, also die Endsumme unseres Denkens, Wollens und Planens bewirkt innerhalb des großen kosmischen Gesetzes von Ursache und Wirkung genau jene Tendenz, die er veranlaßt, gemäß der absoluten Totalsumme unseres auf das Ziel bezogenen Glaubens zu reagieren.

Der Traum von der Karriere

Ein einfaches Beispiel: Ein Mädchen hegt seit Jahren den großen Traum, Schauspielerin zu werden. Wenn sie von den Eltern oder in der Schule nach ihrem Berufswunsch gefragt wird, antwortet sie: „Schauspielerin möchte ich gerne werden." Sie investiert seit Jahren außerdem jeden verfügbaren Pfennig ihres Taschengeldes, um sich die Stars in ihren schönen Roben und Rollen auf der Leinwand anzusehen.

Eines Tages wird sie jedoch von der sogenannten Realität des Alltags eingeholt und beginnt auf Drängen der Eltern nach Abschluß der Schule – sagen wir – eine Schneiderlehre. Die Jahre ziehen ins Land, und die Eltern glauben inzwischen wirklich daran, ihre Tochter zur „Vernunft" gebracht zu haben. Sie beobachten zwar, wie ihre Schwärmerei für das Theater, das Musical und den Film nach wie vor ungebrochen ist, aber sie messen diesem Umstand inzwischen keine größere Bedeutung mehr bei.

Auf einer Party lernt diese junge Dame dann einige Leute vom Theater kennen, die ihr ermöglichen, in ihrer Freizeit den Proben beizuwohnen und ihr unter anderem auch eine Kopie des aktuellen Drehbuches schenken. Als dieses Ensemble zwei Tage vor der Premiere durch einen überraschenden Krankheitsfall einer ihrer Kolleginnen in Schwierigkeiten kommt, bietet sich die junge Dame, die zwischenzeitlich fast jede Rolle des Stückes begeistert auswendig gelernt hat, als Ersatz an und wird einerseits zwar nur notgedrungen, aber andererseits mangels Alternative auch äußerst dankbar als zweite Besetzung akzeptiert.

Am Abend nach der Premiere wird sie nicht nur von allen Seiten ob ihrer hervorragenden Leistung sehr gelobt, sondern auch vom Fleck weg als neues Mitglied des Ensembles engagiert. Sie gibt ihren Beruf Knall auf Fall auf, packt die Koffer und geht trotz größter Proteste ihrer aus allen Wolken fallenden Eltern endgültig zum Theater.

Frage: Was ist Zufall?

Zufall? Wenn wir das Wort Zufall so interpretieren, daß ihr diese Chance „zufiel", weil sie durch ihre eigenen Gedanken die Gußform, also die Negativform dafür bereitete, dann ja. Wenn wir es aber, wie landläufig üblich, aus Unwissenheit die geistigen Gesetze betreffend, als etwas Unerklärliches, Launisches betrachten, dann mit absoluter Sicherheit nicht. Alles, was wir benennen können, was wir bebildern, also uns vorstellen können, das werden, ja das müssen wir sogar bekommen, weil die Funktion der Naturgesetze nichts anderes als genau diesen Umstand aufgrund der geistigen Gegebenheiten vorsieht.

Gesetz ist Gesetz

Wenn wir begreifen, daß auch dieses geistige Gesetz von Ursache und Wirkung ebenso wie alle anderen aus dem großen Spektrum der Naturgesetze völlig unpersönlich, mechanisch und präzise wirkt, so verstehen wir plötzlich auch, daß wir allem, was wir in unserem Leben begreifen und erfassen können, erst durch unsere Gedanken und unsere Vorstellung davon Form geben, damit es sich aus sich selbst heraus verwirklichen kann.

Auf der anderen Seite können wir aber auch nur das entgegennehmen, wozu wir bereit sind, was wir also – über alle Zweifel erhaben – für wahr halten.

In bezug auf unsere junge Schauspielerin bedeutet das, daß sie zwar dem Wunsch ihrer Eltern, eine Schneiderlehre zu beginnen, zunächst entsprochen hat, weil sich im Bereich ihres Traumes, Schauspielerin zu werden, noch nichts Entscheidendes tat, ihre Träume und geistigen Vorstellungen aber trotz allem unaufhaltsam mit der Verwirklichung ihres eigenen großen Zieles beschäftigt waren und die Lehre von Anfang an lediglich als Überbrückung diente – was die Tochter selbst natürlich auch nicht ahnen konnte.

Alles gehört uns

Die Natur des Universums ist es, uns wirklich alles zu geben, was wir entgegenzunehmen fähig sind. Wir Menschen selbst können die geistigen Gesetze niemals aus der Bahn werfen; wir können lediglich lernen, mit ihnen zu kooperieren und zu arbeiten, und das tun wir auch tagtäglich – ob positiv oder negativ, das sei zunächst dahingestellt.

Hollywood – die Mutter aller Gewalt in der Welt

Wie dumm, naiv und unwissend die Mehrzahl der Menschen in bezug auf die ewigen Wahrheiten aber sind, zeigt die weltweite Entwicklung beispielsweise in Sachen Gewalt. Die Gewalt ist ebenso wie die Liebe, der Friede oder die Harmonie zunächst auch nur eine Idee im Geiste des Menschen. Sie hat das gleiche Energiepotential wie jeder andere Gedanke auf der Welt und unterliegt somit, wie wir bereits wissen, ebenfalls dem Naturgesetz von Ursache und Wirkung. All die Gewalt auf unserer heutigen Erde ist also nichts anderes als das Resultat eines von uns allen höchstpersönlich geschaffenen und peinlichst genau gezüchteten Gedankensamens. Wir erinnern uns: „Alles, was ich aussende, kehrt verstärkt zu mir zurück“ – und dies gilt selbstverständlich auch für die Gewalt.

Jeder Kino- oder Fernsehfilm, der Gewalt in irgendeiner Weise behandelt, aktiviert, beleuchtet oder gar verherrlicht, trägt also direkt dazu bei, den Samen der Gewalt noch mehr zu vervielfältigen. Wenn wir allein all die Kino- und Fernsehfilme auf der Welt, die Gewalt in irgendeiner Form zum Thema haben oder sie darstellen, als Beispiel nehmen und jeder Zuschauer, der diese Filme ansieht, dieses geistige Gedankenpotential auch nur im Verhältnis 1:2 durch die reine Bereitschaft, es durch seinen Geist ziehen zu lassen, vervielfältigt, dann können Sie sich ausrechnen, wie schnell das gesamte Gewaltpotential auf dieser Welt wächst.

Denken Sie aber auch bitte daran, daß außer den vielen Fernseh- und Kinofilmen, die täglich in aller Welt gesehen werden, auch alle stündlichen Nachrichtensendungen auf diesem Planeten, alle Presseberichte, jeder noch so kleine oder größere Wut- und Haßgedanke von Milliarden Erdenbürgern, ihre Kriege, persönliche Grabenkämpfe in der Familie, mit dem Chef, den Kollegen oder Nachbarn ebenso dazugehören wie die großen und kleinen Kapitalverbrechen, angefangen beim Handtaschendiebstahl bis hin zum Mord. Zur Verdeutlichung: In jeder Sekunde finden auf der Welt mehrere zigtausend mit einem mehr oder weniger großen Gewaltpotential befrachtete Aktivitäten statt. Nun rechnen Sie einmal die friedvollen, verzeihenden, vergebenden, also dem Potential der Liebe und des Verständnisses für andere und deren Recht auf Eigenständigkeit und persönliche Freiheit geltenden Denkaktivitäten dagegen, und Sie werden unschwer erkennen, welcher Same in der Welt üppiger gedeiht und Sie mit seinen polypenartigen Fangarmen immer mehr und mehr umschlingt und erdrückt.

Gedanken werden Fleisch

Da aber Mikrokosmos und Makrokosmos ein und denselben Aufbau und damit ein und dieselbe Möglichkeit der Selbstverwirklichung haben, wirkt das Gesetz von Ursache und Wirkung im Großen genauso perfekt, wie es dies im Leben des einzelnen Individuums tut. Mit anderen Worten: Wenn ich persönlich Wut und Resentiments aussende, so bekomme ich Haß und Zerstörung zurück, egal, ob jemand die Antenne an meinem Auto abbricht, bei Nacht in mein Haus einsteigt und meine Antiquitäten klaut oder ob ich mir ein Bein breche, Lungenkrebs bekomme oder mit einer Autobombe in die Luft gesprengt werde.

Weil aber unsere eigene kleine Welt (Mikrokosmos) nichts anderes ist als die große Welt (Makrokosmos), erleben wir dort genau dasselbe, nur eben im Quadrat. Klimaveränderung, Kriege, Überschwemmungen, Terroranschläge, Erdbeben, Tornados, Hurrikanes, Schnee im Juni, Hitze im November und, und – und diese sind nichts anderes als die Wirkung auf die von uns allen im Laufe der Jahre gesetzten Ursachen.

Überspitzt ausgedrückt könnte man sagen, eine in Hollywood produzierte und damit automatisch negatives Energiepotential freisetzende Gewaltszene erscheint zwar vordergründig als eine ungefährliche, harmlose Illusion, fällt aber später irgendwie unweigerlich als tatsächlicher Gewaltakt auf uns zurück.

Wir alle werden so lange die Welt und die Natur nicht von der immer größer werdenden und ständig mehr eskalierenden Gewalt erlösen können, solange wir Menschen zuvor Dollars, DM, Lire usw. für die Herstellung von Gewaltpotential ausgeben. Dies gilt natürlich nicht nur für die Spielfilme und die stündliche Konfrontation mit Gewalt, Ängsten, Kriegen, Morden, Entführungen, Geiselnahmen usw. durch Funk und Fernsehen, sondern auch für die Printmedien, die diesen Kreislauf eines sich immer wieder neu aufbauenden Gewaltpotentials ebenfalls ganz prima am Laufen halten.

Aids ist nur der Anfang

Wir alle werden schon sehr bald feststellen, daß Aids nur der Anfang und der Ebolavirus nur ein kleiner Tropfen im Meer war im Vergleich mit dem, was wir uns in den nächsten Jahrzehnten an sogenannten „unheilbaren Krankheiten“ noch „selbst erschaffen“ werden.

Dies alles geschieht solange, bis die Menschheit sich selbst so weit dezimiert hat, daß sie endlich damit beginnt, die Zusammenhänge, also die eigentliche Ursache zu erkennen; denn ist diese erst einmal erkannt und positiv verändert, so wird sehr rasch eine Wende zum Besseren eintreten. Jeder einzelne von uns aber, der diese Zusammenhänge ernst nimmt und in seinem eigenen Leben durch positiv-konstruktives Denken, Meditation und Gebet für ein Umdenken sorgt, kann in seiner eigenen kleinen Welt innerhalb von Monaten entsprechende Positivveränderungen herbeiführen, die ihm in einer sehr beeindruckenden Weise die wirklichen Zusammenhänge zwischen seinen Gedanken und den Vorgängen in seiner Umgebung verdeutlichen.

Je konstruktiver und überzeugter jemand anfängt zu glauben, zu denken und zu handeln, desto kraftgeladener wird er mit der Zeit, und um so schneller verändert sich alles – egal, ob dies in seinem Körper, seinem persönlichen Umfeld oder auch in seinem Verständnis für die Wirksamkeit der geistigen Gesetze geschieht.

Merken Sie sich bitte in diesem Zusammenhang: Materie ist die niedrigste Form des Geistes. Geist hingegen ist die höchste Form der Materie.

Konstruktives Denken

Ein Schlüssel zu einem besseren Leben ist das positive – besser ausgedrückt: das konstruktive – Denken. Konstruktives Denken beruht grundsätzlich auf dem Gesetz von Ursache und Wirkung. Unsere Gedanken sind die Ursache, und das, was sie auslösen, was wir also erleben und erhalten, ist die Wirkung. Alles, was wir denken und für uns als wahr annehmen, wird sich in unserem Leben zwangsläufig verwirklichen müssen. Etwas als wahr annehmen bedeutet, es bereits so intensiv zu fühlen, zu riechen, zu schmecken und zu sehen, als ob sich dieser Wunsch bereits schon erfüllt hätte. Alles, was unser Leben ausmacht, was wir haben und was wir sind, ist so, weil wir es in unserem Bewußtsein einst genauso akzeptiert haben. Es gibt kein einziges Naturgesetz auf dieser Welt, das uns zwingt, so zu leben, wie wir leben, wenn wir selbst damit nicht zufrieden sind. Gott wird auch nicht eines Tages damit beginnen, in unser Denken einzugreifen, wenn wir zuviel Gewalt auf der Welt entfachen, denn mit der Freiheit, die er uns gab, gab er uns unter anderem auch die Möglichkeit, uns selbst zu vernichten.

Das ewige Leben unserer Seele

Gott hat den Menschen, wie es bereits in der Bibel steht, nach seinem Ebenbild erschaffen, und er hat ihm darüber hinaus selbst die Entscheidung überlassen, wie er leben möchte. Da es keinen wirklichen Tod gibt, haben wir immer wieder die Möglichkeit, in einem anderen Körper, wenn es sein muß, in Hunderten von Inkarnationen, auf diese Welt zurückzukommen, um unsere Fehler von einst aufzulösen. Sollten wir Menschen deshalb nicht rechtzeitig „die Kurve bekommen“ und uns mittels unseres eigenen Haßpotentials selbst zerstören, so wird Gott irgendwann, wenn sich die Natur wieder harmonisiert und regeneriert hat (und was sind bei der Evolution schon zwei bis fünf Millionen Jahre, wenn es notwendig sein sollte), einem neuen Menschengeschlecht eine ebensolche Chance geben. Vielleicht werden diese neuen Generationen (deren Seelen dann übrigens auch keine anderen sind als diejenigen, die die heutigen Körper auf dieser Welt bewohnen) dann besser und schneller die ursächlichen Zusammenhänge verstehen und anwenden lernen. Also: Gott hilft uns jederzeit bei allem, worum wir ihn bitten; er wird aber auf gar keinen Fall unser selbstgewähltes Experiment, das da lautet: „Wie schnell und wirkungsvoll können wir uns selbst vernichten?“, von sich aus abbrechen, denn er würde uns dadurch die Möglichkeit eines großen, intensiven Lernprozesses nehmen. Nochmals: Wir ernten immer nur das, was wir Menschen gedanklich zuvor gesät haben, aber wir können unbefriedigende Zustände, falls sie uns nicht behagen, sofort und jederzeit auch wieder verändern.

Wir sind nicht alle gleich

Wenn wir nicht die freie Wahl hätten, unser Dasein so zu gestalten, wie wir es möchten, so würde doch das Leben aller Menschen überall auf der Welt völlig gleich aussehen. Alle würden unter den gleichen Umständen geboren werden, leben und sterben. Keiner wäre reicher oder ärmer als der andere. Daß dies aber nicht so ist, ist für jeden, der mit offenen Augen durch die Welt geht, klar und deutlich erkennbar. Es müssen also zwangsläufig Kräfte und Gesetzmäßigkeiten am Werk sein, die uns die unterschiedlichsten Möglichkeiten der persönlichen Entfaltung eröffnen. Da es aber nichts, ja rein gar nichts von Menschenhand Geschaffenes gibt, das nicht zuvor zuerst gedacht wurde, müssen unsere Lebensumstände zwangsläufig auch mit unseren Gedanken auf das engste verbunden sein.

Bevor ein neues Haus gebaut wird, wird viel gedacht

Nehmen wir an, es wünscht sich jemand ein neues Haus. Zuerst denkt er in der Regel darüber nach, wann, wo und wie es gebaut werden soll und wie er es finanzieren wird. Zunächst stellt er sich also in Gedanken dieses Haus so vor, wie es seinen ganz individuellen Wünschen entspricht. Dann wird er in der Regel als nächstes nach einem Grundstück Ausschau halten und ein ihm passend erscheinendes erwerben. Danach wendet er sich in der Regel an einen Architekten und teilt diesem mit, wie sein Traumhaus beschaffen sein soll. Der Architekt überträgt dann diese Ideen maßstabgetreu auf Papier und gibt die fertigen Pläne an die Baufirma und dessen Arbeiter weiter, die dann Stein auf Stein damit beginnen, den Traum des Bauherrn zu verwirklichen.

Der Ursprung eines Hauses, ebenso wie die Ausführung, liegen also zunächst immer in den Gedanken des Bauherrn, in dessen Vorstellungskraft und in seinem Willen, das Vorhaben wahr werden zu lassen.

Das Gesetz ist neutral

Die kosmische Kraft, die für die Manifestation alles Materiellen verantwortlich ist, stellt dem einzelnen Individuum die Materialien, Menschen und Umstände zur Verfügung, die es benötigt, sich selbst bzw. seine Wünsche so ausdrücken zu können, wie es dies gerne möchte. Das kosmische Gesetz, das die spätere Manifestation in der sogenannten Realität möglich macht, liegt darin begründet, daß wir alle Bestandteile eines sehr komplexen Energiesystems sind, das uns ständig umgibt, durchdringt und das seinerseits gleichzeitig mit allen kosmischen Energien des Universums kommuniziert. Die Aufgabe dieser Kraft ist es, uns zu dienen und alles, was wir gedanklich erschaffen, in der materiellen Welt sichtbar zu machen – egal, ob es gut oder schlecht für uns ist, denn das Gesetz ist neutral; ob wir es richtig oder falsch anwenden, ist ausschließlich unsere Angelegenheit. Wir Menschen sind also Täter und Opfer – oder positiv ausgedrückt: Schöpfer und Schöpfung zugleich. Als Schöpfer sind wir Gott gleich, und darum haben wir auch als einziges Wesen auf der Erde die Fähigkeit, mit unserem Bewußtsein zu erschaffen. Solange wir uns dieser Kräfte und Gesetzmäßigkeiten aber noch nicht bewußt sind, wenden wir sie in der Regel auch nicht optimal und ausschließlich zu unserem Segen an. Die Folge davon ist, daß sich unsere Wünsche in der materiellen Welt nur sehr langsam und sehr zögerlich manifestieren können, ja in den meisten Fällen sogar ganz anders als wir es uns eigentlich wünschten. Wir erschaffen jedoch alles, sobald wir nur genügend Gefühl und Intensität in unseren ursprünglichen Wunsch hineinlegen.

Wo aber legen wir in der Regel das meiste Gefühl, die meiste Energie und die meiste Aufmerksamkeit hinein? Tun wir das mehr in freudige, beglückende Gedanken oder mehr in Angst- oder Furchtgedanken? Diese Frage ist sehr leicht zu beantworten: Ängste und Befürchtungen sind beim Gros der Menschheit wesentlich mehr mit Emotionen besetzt als große Hoffnungen und Träume, da man ihnen diese bereits in den ersten Jahren ihres Lebens geraubt und relativiert hat. Egal, ob wir uns etwas Gutes oder etwas Schlechtes vorstellen, wir bekommen beides, sowohl das Gute als auch das Schlechte – je nachdem. Wir sind immer der Empfänger von dem, was wir denken und somit im großen „Kaufhaus des Universums“ für uns bestellen. Darum sollten wir sehr vorsichtig mit unseren Gedanken sein. Das Gesetz des Denkens ist nichts anderes als unser ganz persönlicher Diener, aber es unterscheidet nicht, ob das Ergebnis unserer Wünsche für uns angenehm oder unangenehm ist.

Fragen Sie einmal Ihren Bauch

Wird nicht auch Ihr Angstpotential, lieber Leser, immer wieder aufs neue aktiviert und dadurch energetisch verstärkt, wenn Sie täglich Meldungen und Berichte über Pleiten, Betriebsschließungen oder auch Stellenabbau in verschiedenen Firmen lesen? Jeder dieser Berichte ist für diejenigen, die den Furchtgedanken (Same) in sich tragen, sie könnten selbst eines Tages von Arbeitslosigkeit betroffen sein, wie ein Regenguß für ein Weizenkorn: Nahrungs- und Wachstumspotential hoch drei. Je umfangreicher und ausführlicher die Berichterstattung ist, desto mehr verbreitet sich aber die Angst. Sie bemächtigt sich mit der Zeit auch derjenigen, die anfangs noch gar keine Gefahr für sich selbst wahrnahmen!

Stellen Sie sich doch einmal Folgendes vor: Alle Medienvertreter – egal ob von Presse, Rundfunk oder Fernsehen – würden gemeinsam beschließen, dem Thema Arbeitslosigkeit in ihrer Berichterstattung von heute an keinen Raum mehr zu geben und statt dessen ausschließlich über neue Firmengründungen, neu entstandene Arbeitsplätze, positive Entwicklungen in der Wirtschaft usw. zu berichten. Was glauben Sie, würde binnen weniger Jahre geschehen? Stimmt, man braucht nicht einmal Experte auf dem Gebiet des „Neuen Bewußtseins“ zu sein, um in seinem eigenen Bauch zu „erfühlen“, daß allein dies schon eine positive Wende in der Wirtschaft und auf dem Arbeitsmarkt einleiten könnte, und genau so ist es. Würden Sie – und jetzt einmal Hand aufs Herz – dann aber immer noch so oft Nachrichten hören, die Yellow Press, die verschiedenen Journale oder auch Ihre übliche Tageszeitung kaufen, wenn Sie nur noch positive Berichte lesen würden? Ist es nicht vielmehr so, daß auch Sie schnell umschalten, wenn die Tagesschau nicht zu Beginn gleich von irgendeinem blutigen Ereignis berichtet, weil ja nichts Wichtiges – sprich: Negatives – passiert ist? Sind wir doch ehrlich: Wir wollen doch die Sensationen, negativen Berichterstattungen, Bombenanschläge, Morde, Entführungen von Flugzeugen, Schiffen, Menschen oder auch die neuesten Zahlen im Bereich der Arbeitslosigkeit vorgesetzt bekommen. Wir bitten doch alle täglich um unsere „Schmerzpille", um die Sonne und den Regen, die unsere selbstgepflanzten Negativsamen – egal welcher Art auch immer – wachsen lassen. Dann allerdings, wenn die Zeit der Ernte gekommen ist, finden wir in der Regel immer sehr schnell einen Schuldigen, der genau dafür verantwortlich gemacht werden kann, statt bei allem, was uns in unserem Leben zustößt, vor den Spiegel zu treten, um dort dem wirklichen Initiator der Misere einmal tief in die Augen zu blicken.

Was können wir tun?

Zunächst ist es wichtig, sich folgende Gesetzmäßigkeit zu verinnerlichen: „Meine heutige Situation ist immer nur das Ergebnis meiner dominanten Ängste, Hoffnungen, Vorstellungen, Befürchtungen, Worte und Überzeugungen der Vergangenheit. Meine Zukunft ist deshalb nichts anderes als das Resultat der ‚geistigen Abläufe', die von heute an in mir stattfinden."

Nun fragen Sie sich sicherlich, was geschehen müßte, um nach dieser Theorie der Arbeitslosigkeit Einhalt bieten zu können.

Stellen Sie sich nur einmal vor, die gleiche Menge an Energie, die im Moment noch zum weiteren Gedeihen der Arbeitslosigkeit aufgewendet wird, würde durch eine positiv-konstruktive Berichterstattung seitens der Medien neu kanalisiert – unterstützt durch jeden einzelnen von uns, der sich durch die Beschäftigung mit dieser positiven Berichterstattung und durch eigene disziplinierte konstruktive Gedankenvorgänge aufzubauen weiß.

Was glauben Sie, wie interessant – nur allein dadurch – der Wirtschaftsstandort Deutschland plötzlich wieder werden würde, wieviel neue Firmengründungen, bisher aus Ängstlichkeit zurückgehaltene Investitionen getätigt und wieviel an neuem Erfindungsgeist, mehr Mut zum Risiko und mehr Leistungsbereitschaft seitens der Arbeitnehmer freigesetzt werden würde.

Ich sage Ihnen: Sie können sich diesen unheimlich starken positiven Energieschub, der allein dadurch in unserem Lande einsetzen würde, nicht einmal in Ihren kühnsten Träumen ausmalen.

Utopie und Wirklichkeit

Da diese Vorstellung aber nahezu utopisch ist, sollten wir uns am besten die Frage stellen: Gibt es denn auf diesem Gebiet Möglichkeiten und Wege für die bereits Betroffenen, um sich aus dieser Umklammerung zu befreien? Die Antwort lautet: Selbstverständlich. Und sie führen sogar mit ein wenig gutem Willen und einer gehörigen Portion Selbstdisziplin oft zu recht schnellen Ergebnissen.

Hierzu folgendes Beispiel: Ein arbeitsloser Schlosser erzählte mir einmal seine Leidensgeschichte. Als er dreiundfünfzig Jahre alt war, schloß seine Firma von heute auf morgen die Tore. In dieser Zeit erzählte er jedem, der es hören wollte (aber auch jedem, der es nicht hören wollte) dasselbe: „In meinem Alter nimmt mich doch keiner mehr“. So, wie man aber in den Wald hineinruft, kommt es bekanntlich auch wieder zurück (ein Sprichwort, über das es sich lohnt, einmal genauer nachzudenken). Jeden Tag schimpfte er auf die Regierung und die zu knappe Arbeitslosenunterstützung, und in den zwölf Monaten seit seiner Entlassung hatte er schon so manche Schuhsohle auf der Suche nach einem neuen Job durchgelaufen. Jede Absage, die er bekam, betrachtete er natürlich als Bestätigung seiner oben angeführten Philosophie, und so verstrickte er sich unmerklich mehr und mehr in seine eigene Negativität. Eines Tages schleppte ihn seine Tochter, die die Nase von seinem Gejammer endgültig voll hatte, zu einem Vortrag über das „Neue Bewußtsein“, was er mehr oder weniger widerwillig über sich ergehen ließ. Als er allerdings drei Stunden später nach Hause zurückkam, erkannte ihn seine Frau kaum wieder, denn er wirkte wie ausgewechselt. Er strahlte auf einmal ganz neuen Lebensmut aus, weil er während dieses Vortrages klar erkannt hatte, daß er selbst mit seiner negativen Einstellung es war, der sich andauernd im Wege stand. Am nächsten Tag schlug er wieder den Anzeigenteil seiner Tageszeitung auf, las aber zur Verwunderung seiner Frau alle Stellenangebote, nur nicht die, in denen ein Schlosser gesucht wurde. Zu seiner Gattin, die ihn etwas verwundert auf diesen neuen Umstand ansprach, sagte er: „Ich habe in der Vergangenheit immer fest geglaubt, daß ich nur zum Schlosser tauge. Aber jetzt weiß ich, daß dies ein großer Fehler war. Das Leben will mir anscheinend eine neue Chance geben und mich nicht bestrafen, wie ich immer glaubte!“

Drei Monate später traf er im Sportstadion einen alten Freund. Dieser Freund betrieb einen blühenden Handel mit Briefmarken, und da sein langjähriger Partner vor zwei Jahren verstorben war, fragte er unseren Schlosser, nachdem er von dessen Arbeitslosigkeit gehört hatte, ob er denn nicht Lust hätte, aufgrund seiner guten philatelistischen Kenntnisse bei ihm als Partner einzusteigen. Ohne zu überlegen sagte er begeistert zu, kratzte alles zusammen, was er an Geld besaß und stieg bei seinem neuen Freund in die Firma ein. Inzwischen sind nun schon einige Jahre ins Land gegangen, und aus dem einst frustrierten Schlosser ist inzwischen ein sehr erfolgreicher Geschäftsmann in Sachen Briefmarken geworden.

Es macht wieder Spaß

Dieser Mann hatte erkannt: Worauf man seine Aufmerksamkeit richtet, dahin fließt auch die Lebenskraft. Genau diese disziplinierte Haltung bewahrte er sich über drei Monate hinweg ganz konsequent, und plötzlich präsentierte sich ihm im unerwartetsten Augenblick die Lösung, bei der ihm sein Hobby als Brücke in eine neue berufliche Zukunft diente.

Die Furcht loslassen

Lösen Sie sich also als erstes von Ihren Furchtgedanken und Furchterwartungen. Daß dies nicht leicht ist, weiß ich selbst am besten, und trotzdem sollte es jedem Betroffenen mit ein wenig Selbstdisziplin nach ein paar Tagen bereits möglich sein. Stellen Sie sich möglichst farbig und lebendig vor, wie Sie Ihre neue Anstellung zusammen mit Freunden und der Familie feiern. Fühlen Sie, daß es so ist, und spüren Sie dabei innerlich Ihre Freude und Ihr Glück darüber. Tun Sie dies mehrmals täglich und sprechen Sie zusätzlich – so oft wie möglich – mit Wärme den Satz: „Ich danke für diesen neuen, bestens dotierten Arbeitsplatz, der sich mir jetzt präsentiert.“ Dies nennt man eine

Affirmation oder auch Bejahung, die dazu dient, Ihr inneres Erfolgsgefühl zu verstärken.

Stoppen Sie aber vor allen Dingen alles Gejammere, Geschimpfe und alle negativen Aussagen, wenn Sie mit dieser geistigen Behandlung beginnen, denn wo diese Sie hingebracht haben, das wissen Sie selbst inzwischen am besten.

Vertrauen Sie Ihrem Unterbewußtsein und schielen Sie nicht von Anfang an nach den Ergebnissen. Tun Sie Ihre Arbeit und warten Sie ab, was geschieht – denn auch das Bäumchen, das Sie heute in Ihrem Garten pflanzen, kann nicht schon nächste Woche Früchte tragen. Sie sollten ganz einfach solange dranbleiben, bis sich etwas tut. Je erwartungsloser Sie dabei bleiben, desto besser ist es, denn Sie vertrauen ja auch jenem eben erwähnten Baum in Ihrem Garten und graben ihn nicht jeden Tag erneut aus, um nachzuschauen, ob er schon ein paar neue Wurzeln bekommen hat.

Halten Sie diszipliniert an Ihrer persönlichen Umprogrammierung fest und Sie werden bald gravierende Veränderungen zum Guten in Ihrem Leben feststellen. Gleichzeitig tragen Sie dazu bei, ein neues Bewußtsein in unserem Land und in der Welt zu etablieren. Daß genau dies heute dringend notwendig ist, liegt wohl bei all unseren momentanen weltweiten Schwierigkeiten auf der Hand.

Bleiben Sie also eng am Ball, und geben Sie dem Dämon Arbeitslosigkeit ab heute keinen Raum mehr in Ihrem Leben. Daß uns alle das Problem Arbeitslosigkeit wohl noch eine geraume Zeit Kopfzerbrechen bereitet, ist auch mir völlig klar. Aber wenn der einzelne Betroffene damit beginnt, umzudenken, und eine neue Einstellung sich selbst und seiner momentanen Situation gegenüber einnimmt, hat er schon bald wieder eine ganz reelle Chance, zumindest sein eigenes, persönliches Schicksal zu wenden. Zu Schimpfen, zu resignieren und nach dem Staat zu rufen, ist zwar eine sehr beliebte, aber wie wir alle zwischenzeitlich wissen, keine sehr vielversprechende Alternative.

„Wenn die Winde der Veränderung wehen, bauen einige Mauern, andere Windmühlen!"

Aus: Peter Kummer, Warum geschieht gerade das ausgerechnet mir?
(mvgVerlag, ISBN 3-478-08608-6)

Richard J. Leider/David A. Shapiro

Lass endlich los und lebe!

Lebensnah und intelligent beschreiben die Autoren ihre Sicht des Lebens und der Entwicklung, die man durchläuft. Sie betrachten das Leben als eine Reise, und alle Ereignisse tragen etwas zu unserem Lebensgepäck bei: manchmal schöne Souvenirs, liebgewordene Erinnerungen oder auch schwere Lasten, die immer wieder bei der Weiterfahrt hinderlich sind. Leider und Shapiro zeigen, wie Sie Ihr individuelles „Reisegepäck“ zusammenstellen, wann es sich lohnt, es auszupacken und wie man richtig daran trägt.

Was trage ich mit mir?

Für jedes Päckchen, nach dem ich mich bücke,
um es zu ergreifen,
fällt mir ein anderes aus meinen Armen oder von meinen Knien,
und der ganze Stapel beginnt zu rutschen, Flaschen, süße Stückchen,
Extreme, zu schwer, um sofort zu begreifen.
Trotzdem nichts, um was ich mir Gedanken machen müßte,
wenn ich es zurücklasse.
Mit allem, was ich zum Festhalten habe,
Hand und Verstand,
und Herz, wenn es sein muß, werde ich mein Bestes tun,
um ihr Gebäude auf meiner Brust zu balancieren.
Ich kauere nieder, um zu verhindern, daß sie fallen;
dann setze ich mich nieder, in die Mitte von allem.
Ich mußte den Armvoll auf die Straße fallen lassen
und versuchen, sie auf eine bessere Art und Weise
wieder aufzustapeln.
Robert Frost: „Der Armvoll“

Ihr Gepäck auspacken: Wählen, Wählen, Wählen

Ist Ihr Gepäck schon einmal auf einem Flug verlorengegangen?

Sie kennen diese laminierte Karte mit all den verschiedenen Koffertypen, die sie Ihnen dann zeigen? Haben Sie sich jemals gefragt, warum es so viele verschiedene Arten von Gepäck gibt und so viele Möglichkeiten, um Dinge zu verpacken? Haben Sie sich jemals gefragt, welcher Personentyp wohl diesen oder jenen Gepäckstil wählt oder was Ihr eigenes Gepäck über Sie aussagt?

Gehen Sie in irgendein Fachgeschäft für Reisegepäck. Sie werden Aktentaschen, Matchbeutel, Rucksäcke, Reisetaschen, Koffer mit Rädern, Koffer mit eingebauten Tragegestellen, Koffer mit ausziehbaren Tragegestellen finden. Materialien gibt es in Hülle und Fülle – Vinyl, Nylon, Leder, Aluminium, polierter Stahl, Roßhaar, Alligator, Echse und Schlange. Es gibt große, größere und noch größere, kleine, kleinere und ganz kleine bis hin zu winzigkleinen Behältnissen, in die nur noch eine Zahnbürste paßt. Was immer Sie möchten, wohin Sie auch gehen, wie Sie auch reisen, es gibt ein spezielles Gepäck genau für diesen Zweck. Wenn es darum geht, ein Gepäckstück für eine bestimmte Reise auszuwählen, ist die Auswahl grenzenlos.

Das gleiche gilt auch – in weit größerem Maße – für unsere Reise durch das Leben. Leider treffen die meisten von uns schon sehr früh ihre Wahl. Wir kommen aus der Schule und tauschen unseren Schulranzen gegen eine brandneue Aktentasche ein. Wir treffen unsere Wahl aufgrund dessen, was wir um uns herum sehen, und der Bedürfnisse, die wir zu diesem Zeitpunkt haben. Aber viele Menschen tragen dann dieselbe Tasche für den Rest ihres Lebens – noch lange, nachdem sie ausgedient hat.

In diesem Kapitel helfe ich Ihnen, Ihren Blick auf das zu richten, was Sie mit sich herumtragen. Paßt es immer noch? Ist es an den Ecken schon etwas abgenutzt? Ist es an der Zeit, etwas Neues zu finden?

Die große Frage lautet: Ist das Gepäck, das Sie tragen, immer noch dafür geeignet, wohin sie gehen möchten – für den Rest Ihres Lebens?

Je mehr, um so glücklicher?

Wenn Sie mit dem Prozeß des Auspackens und Umpackens beginnen, werden Sie eine einfache Wahrheit entdecken, die Sie vielleicht schon kennen: Sie beginnen immer mit zuviel – obwohl Sie zu dieser Zeit nicht wissen, daß es zuviel ist. Dave erzählt eine Geschichte, um dies zu veranschaulichen:

Als ich mich mit 18 darauf vorbereitete, durch Kanada zu trampen, dachte ich, ich hätte mein Leben auf das absolute Minimum beschränkt. Alles, was ich besaß, paßte in meinen Rucksack … fast alles. Ich brauchte noch etwas mehr Platz für die wirklich wichtigen Dinge: meine Holzflöten, das I-Ging, eine abschließbare Messingschachtel für meine Ausweispapiere und das Adreßbuch, mein Tagebuch, meinen Spezialstift für das Tagebuchschreiben, den Beutel für mein Geld, wenn ich welches hatte, meine Lieblings-Haschpfeife, die Kamera, eine Ersatzbrille und eine Sonnenbrille sowie für das Päckchen mit Briefen der Frau, für deren Liebe ich diese Reise in erster Linie unternahm. So befestigte ich eine kleine Reisetasche oben am Rucksackgestell, wodurch das Ganze über mir aufragte wie ein Vampir, der sich gleich auf mich stürzen würde.

50 Kilometer nördlich von Toronto, neben dem Kanadischen Highway, stürzte ich und konnte nicht mehr aufstehen. Als ich mit den Riemen und Schnallen kämpfte, die mein Tragesystem an mich sicherten, stoppte ein kleiner Lieferwagen und der ältere Farmer am Steuer bot mir an, mich mitzunehmen. Er und sein jüngerer Beifahrer, der, wie sich später herausstellte, sein Sohn war, amüsierten sich köstlich, als ich an meinem Gepäck herumfummelte, um die zwei Teile auseinander zu bekommen, um sie hinten im Wagen verstauen zu können. Trotzdem waren sie so nett, mich mitfahren zu lassen, was sich als ein Glücksfall herausstellte, da sich – als wir noch keine fünf Meilen zurückgelegt hatten – der Himmel öffnete und es fürchterlich zu schütten be-

gann. Leider regnete es immer noch, als sie mich eine halbe Stunde später an einer Raststätte absetzten. Ich sprang schnell um den Wagen herum und holte meinen Rucksack heraus. Der Farmer machte sich daran weiterzufahren. Als ich es bemerkte, war er bereits 20 Meter entfernt und fing gerade an zu beschleunigen – mit meiner kleinen Reisetasche!

Ich rannte die Ausfahrt entlang hinter ihm her, fuchtelte wie wild mit meinen Armen und schrie wie ein Verrückter. Wenn mich jemand gesehen hätte, hätte er mich sicher für den sprichwörtlichen, die Axt schwingenden Tramper gehalten, doch dies hielt mich nicht auf. Alles, was in diesem Moment zählte, war, daß meine wertvollsten Besitztümer vor mir davonfuhren. Der Rest meiner Habseligkeiten, die in einer riesengroßen Pfütze einweichten, hätte von mir aus jederzeit fortgeschwemmt werden können.

Wie das Glück es wollte, mußte der Farmer aufgrund des Verkehrs wieder langsamer fahren, und ich erreichte ihn, als er gerade auf den Highway einbiegen wollte. Er sah mein Gesicht an der Fensterscheibe und fing an zu lachen. Zweifellos sah ich absolut hysterisch aus – und ich war es auch. Mein Vokabular war auf drei Wörter geschrumpft: „Warten Sie!“ und „Anhalten!“ Aber ich holte jede Menge aus diesen beiden Wörtern heraus, indem ich sie schier endlos aneinanderreihte und sie so laut, wie es ging, ständig wiederholte.

Während der Farmer und sein Sohn sich auf die Schenkel schlugen und sich die Tränen vom Lachen wegwischten, stürzte ich zur Rückseite des Wagens und barg meine Reisetasche. Ich preßte sie mit aller Kraft an meine Brust, als ob ich damit den ganzen Schrecken, den ich soeben erfahren hatte, wegdrücken könnte. Ich hielt sie im Arm wie einen Lieblingsteddybären und stapfte zurück zu meinen restlichen Sachen. Ich muß leider gestehen, daß ich mich nicht einmal mehr umdrehte, um den beiden zu danken.

Später fiel mir auf, daß dieses Erlebnis ein sehr gutes Beispiel dafür war, wie ich zu oft gehandelt habe. Ich habe mich selbst mit so vielen Dingen beladen, daß ich die Reise, auf der ich mich befand, nicht mehr genießen konnte. Anstatt mich um mich selbst zu kümmern, verschwende ich alle Energie darauf, mich um meine Sachen zu kümmern. Außerdem legte ich zuviel Aufmerksamkeit auf den schweren Teil meiner Last, so daß ich die Schätze des Lebens vernachlässigte, die dann natürlich auch immer weiter in der Ferne zu verschwinden drohten."

Das „Pack-Prinzip"

Das Peter-Prinzip scheint zu gelten, wenn es ums „Vollstopfen mit Zeug" geht – ob dieses Zeug nun einen Rucksack oder einen Lebensstil füllt, ob es sich um gefriergetrocknete Nahrungsmittel handelt oder wichtige berufliche Verpflichtungen. Das Peter-Prinzip besagt, daß Menschen in einer Organisation bis zu ihrem persönlichen Grad an Inkompetenz aufsteigen – sie werden so lange befördert, bis sie in einem Job enden, den sie effektiv nicht ausführen können.

Die meisten von uns haben ihr Leben nach demselben Prinzip ausgefüllt. Wir fügen ständig Dinge und Verpflichtungen hinzu, bis wir an den Punkt kommen, wo wir diese nicht mehr bewältigen können.

Das ist das „Pack-Prinzip".

Was also ist die Lösung? Sie besteht aus zwei Teilen. Erstens: Entscheiden Sie, wieviel Sie wirklich tragen wollen. Zweitens: Entscheiden Sie, was mitkommen muß und was dableiben soll.

Letztendlich kommt es zu einer Reihe von Tauschgeschäften. Was sind Sie bereit, in einem Ihrer Lebensbereiche aufzugeben, um das, was Sie in einem anderen wollen, zu bekommen? Im Prozeß des Auspackens geht es darum, zu überprüfen, was Sie haben, und jede Sache im Licht eines Tauschgeschäftes zu betrachten, das sie machen müssen, um diese zu behalten. Einige der Tauschgeschäfte, die meine Interviewpartner mit mir teilen, sind

- Freiheit gegen Sicherheit
- höheres Gehalt gegen weniger Verantwortung
- Dinge gegen Zeit
- Komfort gegen Wachstum
- Heim gegen Büro
- Selbstachtung gegen gesellschaftliche Anerkennung
- einen Eindruck hinterlassen gegen keine Spur hinterlassen
- wissen, wo man ist, gegen sich verirren

Umpacken bedeutet dann, die richtige Balance zwischen den wichtigen Prioritäten in Ihrem Leben zu finden. Der erste Schritt ist, zu prüfen, was Sie mit sich tragen, und zu sehen, ob es die Tauschgeschäfte, die Sie derzeit bereit sind, zu machen, lohnt.

Auspacken: die drei Gepäckstücke des Lebens

Wenn Sie sich Ihr Leben als eine Reise vorstellen, dann können Sie die verschiedenen Bestandteile als unterschiedliche Gepäckstücke, die Sie tragen, betrachten. Ich sage gerne, daß jeder von uns drei unterschiedliche Gepäckstücke mit sich herumträgt. Diese sind:

1. eine Aktenmappe – Ihr Arbeitsgepäck
2. eine Reisetasche – Ihr Liebesgepäck
3. eine Truhe – Ihr Ortsgepäck

Um wirklich auszupacken, müssen Sie jedes öffnen und seinen Inhalt untersuchen. Der beste Weg, dies zu tun, ist der Dialog mit jemand anderem – am besten mit der Person, die wahrscheinlich von Ihren Entscheidungen oder Ihrer Auswahl betroffen sein wird.

Auf den folgenden Seiten finden Sie Fragen, die diese Dialoge in Gang bringen sollen. Sie sollten alle Fragen verwenden und Ihre eigenen entwickeln, während Sie auspacken. Lassen Sie Ihren Partner Ihnen die Fragen stellen, und machen Sie sich Notizen, während Sie antworten. Machen Sie dasselbe für ihn oder sie, oder nehmen Sie Ihren Dialog auf Band auf, um ihn anschließend abzuhören. Es ist auch in Ordnung, wenn Sie keinen Dialog-Partner bestimmen können. Sie können die Fragen auch in einem „Dialog" mit sich selbst stellen. Stellen Sie nur sicher, daß Sie sich ausreichend Zeit für die Antworten geben.

„Was tun Sie?" – Ihre Aktentasche auspacken

- Welches sind Ihre versteckten Talente? Wie können Sie diese Talente in Ihrer Arbeit ausdrücken?
- Was, denken Sie, muß in der heutigen Welt getan werden? Inwiefern erlaubt es Ihnen Ihre Arbeit, dazu einen Beitrag zu leisten?
- Wie sieht Ihre ideale Arbeitsumgebung aus? Wie sieht Ihre momentane Arbeitsumgebung im Vergleich dazu aus?
- Wem möchten Sie mit Ihrer Arbeit nützen? Wie bringt Sie Ihre augenblickliche Tätigkeit mit diesen Menschen in Verbindung?
- Stellen Sie sich einen typischen Arbeitstag vor. Womit ist er gefüllt? Wieviel von „Ihrer Persönlichkeit" geht durch die Tür, und wieviel von „sich selbst" geben Sie am Eingang ab?
- Stellen Sie sich Ihre idealen Arbeitskollegen vor. In welchem Maße entsprechen Ihre jetzigen Kollegen diesem Bild?
- Macht Ihre Arbeit Sie glücklich?

„Wen lieben Sie?" – Ihre Reisetasche auspacken

- Welches sind die Menschen in Ihrem Leben, die Ihnen am meisten bedeuten – und warum?
- Was vermissen Sie am meisten, wenn die Menschen, die Ihnen am wichtigsten sind, nicht da sind?
- Welche Lebensträume teilen Sie mit den Menschen, die Ihnen am meisten bedeuten?
- Beschreiben Sie einen typischen Tag, den Sie mit jenen, die Sie am meisten lieben, verbracht haben. Welches ist der beste Teil des Tages?
- Wie haben Sie die Menschen kennengelernt, die Ihnen am nächsten stehen? Was hat Sie als erstes angezogen?
- Verbringen Sie soviel Zeit, wie Sie es gerne möchten, mit den Menschen, die Sie lieben? Wie könnten Sie mehr Zeit mit ihnen verbringen?
- Wie möchten Sie von den Menschen, die Sie lieben, in Erinnerung behalten werden?
- Macht Sie Ihre Beziehung glücklich?

„Gibt es keinen besseren Ort als das Zuhause?" – Ihre Truhe auspacken

- Wenn Sie an Ihr „Zuhause" denken, was für ein Bild stellt sich vor Ihrem geistigen Auge ein?
- Welches sind die Qualitäten, die ein „Zuhause" für Sie ausmachen?
- Welches ist Ihr „wertvollster Besitz"? Wenn Ihr Haus in Flammen stehen würde, wonach würden Sie greifen?
- Wenn Sie sich in Ihrer Wohnung umsehen, was macht Sie glücklich? Was ist bloßer Kram?
- Wie steht es mit Ihrem Gemeinschaftsgefühl? Haben Sie das Gefühl, dazuzugehören? Was tragen Sie dazu bei?
- Wenn Sie leben könnten, wo Sie wollten, wo wäre dies? Warum leben Sie jetzt nicht dort?

- Macht Sie Ihr Zuhause und die Umgebung, in der Sie leben, glücklich?

Ihr Gepäck auspacken: Die Reisecheckliste

Indem Sie die drei Gepäckstücke des Lebens durchgehen, erstellen Sie eine Reisecheckliste. Sie haben so etwas bestimmt schon in Läden für Campingausstattung oder Reisegepäck gesehen. Vielleicht gehören Sie ja auch zu den Personen, die diese Liste selbst aufstellen. Es ist einfach eine Möglichkeit, sicherzugehen, daß Sie alles, was Sie benötigen, auf Ihrer Reise dabeihaben, aber zugleich auch ein Weg, um zu vermeiden, daß Sie zuviel mitnehmen. Es ist eine Möglichkeit, das „Pack-Prinzip" zu umgehen.

Sie machen sich klar, wo Sie sind und wie Sie dahin gekommen sind. Sie überprüfen die Entscheidungen, die Sie in Ihrem Leben getroffen haben, und versuchen festzustellen, ob diese Ihnen immer noch dienlich sind. Sie stellen fest, ob Sie immer noch die entsprechenden Antworten parat haben oder ob sich sogar die Fragen geändert haben.

Die Reisecheckliste ist kein Test. Betrachten Sie sie eher als ein Hilfsmittel zur Reiseplanung. Es gibt keine richtigen oder falschen Antworten. Es geht nur darum, so wahrheitsgemäß wie möglich zu antworten und soviel über sich selbst zu lernen wie möglich.

Verwenden Sie die Reisecheckliste auf Seite 96, um einen Blick auf Ihre nächste Lebensphase zu werfen. Überprüfen Sie, ob Sie die aufgeführten Dinge dabeihaben oder ob einige der anderen Sachen, die Sie mit sich herumschleppen, zuviel Raum beanspruchen.

Der Reisechecklisten-Dialog

Nachdem Sie die Reisecheckliste ausgefüllt haben, fragen Sie sich vielleicht: „In welche Richtung gehe ich nun eigentlich wirklich?"

Die Checkliste liefert Ihnen ein Gerüst, um Ihre Lebensrichtung mit anderen zu diskutieren. Es ist eine weitere Gelegenheit, sich auf einen Dialog einzulassen, der ein wichtiger Bestandteil der Checkliste ist. Verwenden Sie die Checkliste in einem Gespräch mit einem Dialog-Partner, um zu fragen:

- Wie verläuft Ihre augenblickliche Reise?
- Welches sind Ihre Hoffnungen und Träume für die nächste Etappe Ihrer Reise?
- Wo sind Sie jetzt, und wo wollen Sie hingehen?
- Welche Art von Gepäck (Rucksack, Aktenkoffer, Matchbeutel etc.) veranschaulicht am besten, wo Sie sich befinden und wo Sie als nächstes hingehen werden?
- Mit wem reisen Sie, und wie ist es?

Halten Sie den Dialog offen und lebendig durch die Bereitschaft, wirklich Persönliches mitzuteilen, solange Sie sich dabei gut fühlen. Vergessen Sie nicht, es geht um das Auspacken und Umpacken. Je vollständiger Sie Ihre innersten Gedanken und Gefühle auspacken können, um so lebendiger werden Ihre Gespräche sein. Gleichzeitig müssen Ihre Dialoge aber nicht zu Therapiesitzungen ausarten. Sie sollten Spaß machen – oder zumindest nicht zu schmerzhaft sein. Wie Ihr Leben sollten sie alles beinhalten, was Sie brauchen, und frei von dem sein, was Sie nicht benötigen.

Wieviel Zeug ist genug?

Unser Leben ist in der Tat ein kurzer Ausflug. Im großen Plan der Dinge sind wir nur für eine kurze Reise eingetragen. Auf der

Die Reisecheckliste: 12 wesentliche Punkte für das Auspacken

Punkt	Habe ich	Brauche ich
Ausweis Sinnbewußtsein – einen Grund für die Reise.	❑	❑
Abenteuergeist Bereitschaft, meinen Geist herumwandern zu lassen, meine eigene Reiseroute zu planen.	❑	❑
Landkarte Ein Gefühl für die Richtung meiner Reise.	❑	❑
Tickets Talente oder Zeugnisse, um neue Orte und Möglichkeiten zu erforschen.	❑	❑
Reiseschecks Genug Geld, um die Reise zu genießen.	❑	❑
Reisepartner Menschen, mit denen ich das Erlebnis teilen kann.	❑	❑
Reiseführer Wichtige Quellen für Ratschläge auf dem Weg.	❑	❑
Gepäck Meiner Reise angemessene Gepäckart und -größe	❑	❑
Handgepäck Dinge, die ich zur Hand haben muß, um die Reise angenehm zu machen – Bücher, Lerninstrumente und Humor.	❑	❑
Kulturbeutel Energie und Vitalität, um die Reise zu genießen.	❑	❑
Reisetagebuch Reisetips und Schlüssellektionen, die ich auf früheren Reisen gelernt habe.	❑	❑
Adreßbuch Kontakte mit wichtigen Menschen in meinem Leben.	❑	❑

anderen Seite ist dieses Leben alles, was wir haben. So ist es nicht erstaunlich, daß so viele von uns von der Bedeutung all dessen deprimiert durchs Leben gehen, niedergedrückt von der Last des echten und symbolischen Gepäcks, das sie mit sich herumtragen.

Sie können eine Vorstellung davon bekommen, wie Sie Ihre Last erleichtern können, indem Sie sich ausmalen, daß Sie sich auf eine Reise in die Wildnis machen. Wenn Ihr Bündel zu schwer ist, bedeutet dies, daß Sie zu sehr am Leben hängen, das Sie zurücklassen. Wenn es zu leicht ist, bedeutet dies, daß Sie vielleicht nicht genug dabeihaben, um zu überleben. Die Frage ist: Wieviel ist genug? Das Gewicht Ihres Bündels bestimmt letztendlich die Qualität Ihrer Reise.

Je mehr wir haben, um so mehr müssen wir tragen, deshalb müssen wir beim Eintreten in die nächste Phase unserer Reise unser Gepäck erleichtern – nicht nur physisch, sondern auch emotional. Wie Rucksacktouristen auf einer Safari müssen wir uns fragen: „Was muß ich wirklich tragen?"

In der mittleren Phase einer Trekking-Tour ermüden die Teilnehmer häufig, weil sie zuviel mit sich herumschleppen. Sie verlieren ihre Freude, weil sie von all ihrem Zeug niedergedrückt werden. Sie erleben eine Variante der Unterscheidung, die der Komiker Georg Carlin so eloquent zwischen unserem „Zeugs" und dem „Zeugs" der anderen zog. In seiner Nummer „Ein Platz für mein Zeugs" ist unser eigenes Zeug notwendig, während das Zeug der anderen überflüssig ist. Während einer Trekking-Tour kommen viele zu der Überzeugung, daß auch ihr eigenes Zeug überflüssig ist.

Das passiert auch vielen von uns in der Lebensmitte. Es erscheint uns wie eine Alles-oder-nichts-Entscheidung. Wir werden unter Verpflichtungen und Bindungen begraben und möchten entweder alles hinwerfen oder uns einfach zurücklehnen, den Dingen ihren Lauf lassen und aufgeben. Dies ist es, was oft hinter der üblichen Midlife-crisis steckt – und Sportwagenhändler wissen dies nur allzugut.

Auf Trekking-Touren in Afrika haben die meisten Leute kein Problem damit, was sie mitnehmen sollen. Ihr Problem ist, zu wissen, was sie zurücklassen sollen.

Die Kunst besteht darin, das Gleichgewicht zu finden zwischen dem, was man mitnimmt, und dem, was man zurückläßt, so daß man alles bei sich hat, was man braucht, und alles braucht, was man mitgenommen hat.

In einem Film spielt *Steve Martin* einen Schwachkopf, der durch einen glücklichen Zufall reich wird, indem er einen speziellen Brillenbügel erfindet. Er wird unglaublich wohlhabend und leistet sich eine brandneue Villa, vollgestopft mit allem Luxus. Bald darauf geht sein Leben natürlich den Bach hinunter – seine persönlichen Beziehungen brechen auseinander, seine Selbstachtung zerbröckelt, und schließlich – ganz klassisch – torkelt er durch sein Haus und bereitet sich darauf vor, für immer zu verschwinden. Er prahlt damit, daß er niemanden und nichts braucht. Aber er kann nicht ganz loslassen. Er nimmt einen Stuhl mit, etwas zum Anziehen, einen Staubsauger und was ihm sonst noch unter die Finger kommt.

„Ich brauche gar nichts", brüllt er, „außer dem … und dem … und dem …"

Als er dann schließlich aus der Haustür tritt, ist er mit allen möglichen Dingen drapiert, Möbel und Gerätschaften hängen an jedem Körperteil. Dabei sind ihm – weil es nun einmal Steve Martin ist – auch noch seine Hosen heruntergerutscht.

Dies trifft auch auf die meisten von uns zu (bis auf die Hosen). Wir gehen diesen Prozeß in dem Gedanken an: „Ich brauche gar nichts“, aber bevor es uns recht bewußt wird, stöhnen wir bereits unter dem Gewicht der Dinge, ohne die wir nicht leben können.

Vier Gründe, um etwas zu tragen

Im Grunde gibt es nur vier Gründe, warum Sie tragen könnten, was Sie tragen möchten. Sie können dazu zwei Skalen unterscheiden und eine Matrix erstellen, die Ihnen hilft, herauszufinden, wo Sie stehen. Eine Skala ist ein Kontinuum zwischen augenblicklicher Freude und zukünftigem Lohn. Wir tun etwas, weil es uns Freude macht oder weil wir uns am Ende etwas davon erwarten. Die andere Skala besteht aus uns selbst und den anderen. Wir tun etwas für uns selbst, oder wir tun es, um anderen zu helfen oder diese zu fördern. Wenn wir diese daraus entstehenden Matrixfelder ausfüllen, ergeben sich daraus die vier Kategorien. Vielleicht tragen Sie das, was Sie tragen, weil:

- Sie im Moment die Freude genießen, die es Ihnen bereitet.
- Sie im Moment die Freude genießen, die es anderen bereitet.
- Sie bereit sind, es im Moment hinzunehmen für etwas, das es Ihnen in der Zukunft geben wird.
- Sie bereit sind, es im Moment hinzunehmen für etwas, das es anderen in der Zukunft geben wird.

Ein Beispiel für die erste Kategorie könnte eine Arbeit, ein Hobby oder etwas sein, das Sie wirklich gerne tun. Sie haben vielleicht kein Problem damit, an einem kalten Wintermorgen um 6.00 Uhr früh aufzustehen, um Skilaufen zu gehen.

Ein Beispiel für die zweite Kategorie könnte sein, eine Party zu geben. Vielleicht ist es unglaublich viel Arbeit für Sie, aber es macht Ihnen Freude, weil es Menschen, die Sie gern haben, Spaß macht.

Ein gutes Beispiel für die dritte Kategorie ist Sport. Sie hassen vielleicht Ihre Aerobic-Stunden oder verabscheuen es, Ihre Runden im Hallenbad zu schwimmen, aber Sie tun es, weil Sie wissen, daß Sie sich danach besser fühlen werden.

In die letzte Kategorie fällt viel, was mit der Arbeit zusammenhängt. Sie sind vielleicht nicht verrückt nach Ihrem Job – mag sein, daß Sie ihn überhaupt nicht mögen –, aber Sie tun es, weil Sie Ihre Familie unterhalten müssen oder weil Sie Ihren Kindern irgendwann die Ausbildung finanzieren möchten.

Es ist offensichtlich, daß es bei allen vier Kategorien Überschneidungen gibt. Zum Beispiel machen Ihnen vielleicht einige Seiten Ihrer Arbeit Freude, während sie andere nur tun, weil diese Sie eventuell zu etwas anderem hinführen könnten. Es geht hierbei nicht darum, durch Ihr Leben zu gehen und alles in die eine oder andere Kategorie einzuordnen. Es soll lediglich verdeutlichen, daß die Antwort auf die Frage: „Warum, zum Donnerwetter, trage ich dies mit mir herum?" nicht so kompliziert ist. Dadurch können Sie ein ziemlich klares Bewußtsein dafür entwickeln, warum Sie tun, was Sie tun, und warum Sie tragen, was Sie tragen.

Noch wichtiger: Es bereitet Sie darauf vor, etwas in dieser Hinsicht zu unternehmen. Es hilft Ihnen, damit zu beginnen, entweder Ihre Last zu erleichtern oder sich selbst für die Bürden, die Sie gewählt haben, zu wappnen, weil es wirklich nur zwei Dinge gibt, die Sie tun können: Sie können sie entweder weitertragen oder aufhören, sie zu tragen.

Was die meisten von uns jedoch tun, ist, unschlüssig hin- und herzuschwanken oder zu jammern. Wenn wir fühlen, daß uns etwas Energie entzieht – eine Beziehung, eine Arbeit, die Lasten eines Eigenheims –, sind wir in der Regel nicht bereit, es einfach loszulassen. Gleichzeitig sind wir aber auch oft unfähig, die Bürden als etwas, das wir gewählt haben, zu akzeptieren und unsere Einstellung diesbezüglich zu ändern. Wir nehmen uns nicht die Zeit, um das zu tun, was Dave mit den Sachen in seinem Rucksack getan hat: Entscheiden, ob wir sie wirklich tragen wollen, und wenn die Antwort „Ja“ lautet, sie so fröhlich wie möglich zu tragen.

Die Menschen haben ein bemerkenswertes Durchhaltevermögen. Die Geschichte ist voll von Erzählungen über Männer und Frauen, die für eine Sache, von der sie überzeugt waren, unglaubliches Elend ertragen haben. Auf der anderen Seite fällt es den meisten von uns schwer, regelmäßig zu entschlacken, weil es kaum der Mühe wert scheint.

Wenn wir auspacken und umpacken, besteht ein Großteil dessen, was wir tun möchten, darin, einfach zu entscheiden, was der Mühe wert ist, und dann dazu zu stehen – die Verantwortung für diese Wahl zu übernehmen –, die Bürde zu tragen (wenn es sich immer noch wie eine anfühlt), und zwar mit soviel guter Laune wie möglich.

Hier folgen nun einige Tips, die Ihnen helfen können, dies mit einem Lächeln zu tun. (Wir haben uns hierbei auf die Punkte der Reisecheckliste bezogen, aber Sie können die Ratschläge anwenden, wie Sie wollen.)

Das Gewicht teilen (Reisepartner)
Wenn Sie sich vor allem von verantwortungsvollen Aufgaben oder Verpflichtungen niedergedrückt fühlen, bitten Sie Familienmitglieder und Freunde um Hilfe. Sie werden wahrscheinlich überrascht sein, wie gerne die Ihnen nahestehenden Menschen helfen werden – und beeindruckt, wieviel wirkliche Unterstützung sie bieten können.

Eine Sache loslassen (Gepäck)
Manchmal vergessen wir, daß das Gewicht anwächst, das wir tragen, daß es eine Ansammlung von sehr vielen Dingen ist. So neigen wir dazu, unsere Bürden als eine Alles-oder-nichts-Wahl zu betrachten – entweder müssen wir die Zähne zusammenbeißen und alles tragen oder alles fallenlassen und loslaufen. In Wirklichkeit ist die Bandbreite unserer Wahlmöglichkeiten wesentlich größer. Wir können ein oder zwei Dinge loslassen, ohne das Handtuch ganz zu werfen. Versuchen Sie, eine Verpflichtung zeitweise aufzugeben, bis eine Situation eingetreten ist, die für Sie leichter zu handhaben ist. Vielleicht müssen Sie Ihre Arbeitsstelle nicht aufgeben. Vielleicht reicht es schon, wenn Sie ein oder zwei zusätzliche Aufträge ablehnen.

Das Gewicht verlagern (Reisetagebuch)
Die tägliche Schinderei zermürbt uns alle. Tagaus, tagein dasselbe zu tun macht sogar leichte Lasten am Ende schwer. Versuchen Sie deshalb, die Last zu verlagern. Gehen Sie an einem Tag in der Woche etwas später zur Arbeit – selbst wenn Sie deshalb abends etwas länger bleiben müssen. Ändern Sie Ihre Routine. Schieben Sie die Dinge etwas hin und her – ebenso, wie Sie es mit einer körperlichen Last täten.

Erinnern Sie sich daran, warum Sie es tragen (Ausweis)
Wenn Sie sich übermäßig niedergedrückt fühlen von den Dingen, die Sie tragen, dann vielleicht, weil Sie vergessen haben, warum Sie es tun. Manchmal hilft es, sich die Gründe, weshalb Sie etwas weitertragen, noch einmal bewußtzumachen, um die nötige Kraft dafür zu verspüren, es auch weiterhin zu tun. Und wenn nicht, ist die Last wahrscheinlich nicht etwas, mit dem Sie sich wirklich abfinden *wollen*.

Setzen Sie sich selbst ein Ziel (Landkarte)
Es ist wesentlich leichter, mit einer schwierigen Arbeit, einer stürmischen Beziehung oder einem Ort, an dem Sie nicht glück-

lich sind, zurechtzukommen, wenn Sie wissen, daß es nicht für immer sein wird. Wenn Sie sich also niedergeschmettert fühlen, setzen Sie sich selbst ein Ziel – einige Monate, ein halbes Jahr, was Ihnen angemessen erscheint. Wenn sich die Dinge innerhalb dieser selbstgesetzten Frist nicht verbessert haben, ist es an der Zeit, die notwendigen Veränderungen in Angriff zu nehmen. Aber bis dahin wissen Sie zumindest, daß ein mögliches Ende in Sicht ist.

Fragen Sie nach der Richtung (Reiseführer)
So schwer es ist, uns das manchmal einzugestehen, so sind doch die wenigsten von uns wirkliche Pioniere. Fast alles, was uns widerfährt, haben schon andere vor uns durchgemacht. Die gute Nachricht: Wir können diese Menschen nach der Richtung fragen. Sie können uns Ratschläge geben, wie wir leichter reisen und durch schwieriges Terrain steuern können. Freunde, Partner, Kollegen, ältere Familienmitglieder stehen uns alle als Berater zur Verfügung. Wir müssen nur fragen.

Organisieren Sie Ihre Reiseroute (Abenteuergeist)
Manchmal scheinen uns die Dinge einfach über den Kopf zu wachsen, weil wir nicht wissen, wo wir anfangen sollen bei all dem, was zu tun ist. Zweifel bezüglich unserer Verpflichtungen nagen an uns, lassen sie uns doppelt so schwer erscheinen, wie sie wirklich sind. Manchmal ist die Lösung dafür, daß wir uns einfach besser organisieren. Erstellen Sie Listen. Prüfen Sie genau, was Sie zu tun haben und bis wann. Das Aufschreiben von Dingen hilft manchmal schon, die damit verbundene Angst zu vertreiben, und zu guter Letzt erhalten Sie auf diese Weise eine Checkliste mit all den Dingen, um die Sie sich kümmern sollten.

Denken Sie global (Adreßbuch)
Eine andere Perspektive kann Erstaunliches bewirken. Vielleicht fühlen Sie sich, als würden Sie die Last der Welt auf Ihren

Schultern tragen. Wenn Sie sich jedoch mit anderen Menschen auf der Welt vergleichen (oder auch mit anderen Menschen, die Sie kennen), erscheint Ihnen wahrscheinlich alles nicht mehr so schlimm. Das soll nicht heißen, daß Ihre Bürden nicht echt sind, sondern will Sie vielmehr daran erinnern, daß Sie vielleicht nicht die tiefsten Ihnen zur Verfügung stehenden Reserven angezapft haben. Sie sind, wie andere Menschen auf der Welt, viel stärker, als Sie denken.

Tauschplätze (Tickets)
Mein Freund Doug T. hatte genug davon, ein Vollzeit-Geschäftsmann zu sein. Seine Frau Laura hatte genug davon, den ganzen Tag zu Hause bei ihren kleinen Kindern zu sein. Sie lösten ihre Probleme, indem sie einen Weg fanden, wie sie ihre Plätze tauschen konnten. Laura ging wieder zurück in die Bank, für die sie in der Zeit vor der Geburt ihrer Kinder gearbeitet hatte, und Doug kündigte seinen Vollzeit-Job, um freiberuflich zu schreiben und sich tagsüber um die Kinder zu kümmern. Laura und Doug mußten einige größere Abstimmungen in ihren Zeitplänen vornehmen und ihren Lebensstil etwas herunterschrauben, aber letztendlich hat es sich für beide gelohnt. Das einzige, das Doug bedauerte, war, daß er so lange gewartet hatte, Laura nach dieser Veränderung zu fragen. „Ich hätte das schon vor einem Jahr machen können“, sagte er, „wenn ich nur den Mut gehabt hätte, es ernsthaft in Erwägung zu ziehen.“

Machen Sie eine Pause (Kulturbeutel)
Nichts erschöpft uns mehr als die Erschöpfung selbst, und es gibt nichts Besseres als eine Ruhepause, um uns wieder aufzutanken. Wenn Sie sich also besonders überlastet fühlen, versuchen Sie, einen Weg zu finden, um eine Pause einzulegen. Ein kurzer Urlaub, ein freier Nachmittag, selbst ein Mittagsschläfchen kann Wunder wirken.

Denken Sie daran, daß Sie ein Tourist sind (Handgepäck)
New Yorker verbringen ihr ganzes Leben in Manhatten und nehmen nie die Fähre, um die Freiheitsstatue zu betrachten. Echte Pariser würden sich nie dazu herablassen, auf den Eiffelturm zu steigen. Dies ist eine schöne Geschichte für eine Cocktail-Party, aber ist das wirklich ein Weg, zu leben? Geht es nicht auch darum, so viele Erfahrungen wie möglich zu sammeln? Wie können wir wissen, daß wir grüne Eier mit Schinken nicht mögen, wenn wir es nie probiert haben? Wenn Sie können, sollten Sie deshalb alles ausprobieren, wozu Sie die Möglichkeit haben. Gehen Sie an die Dinge mit Abenteuergeist heran. Vielleicht wird sich vieles als dumm, langweilig oder einfach als Zeitverschwendung herausstellen. Aber wie wollen Sie das wissen, wenn Sie es nie versucht haben?

Gönnen Sie sich etwas (Reiseschecks)
Großzügig zu denken erfordert nicht, daß Sie Geld wie Wasser fließen lassen oder sich alles leisten, was Ihnen gerade gefällt. Wenn Sie sich aber ständig etwas versagen, dann erfahren Sie auch nicht die volle Bandbreite der Möglichkeiten. Deshalb ist es keine schlechte Idee, sich selbst von Zeit zu Zeit etwas zu gönnen, was Sie wirklich gerne möchten. Es muß nicht ein neues Auto oder eine Weltreise sein – manchmal machen schon ein Paar Inline-Skates, die Sie unbedingt haben wollen, oder ein Wochenende in einer anderen Stadt etwas aus.

Aus: Richard J. Leider/David A. Shapiro: Lass endlich los und lebe. (mvgVerlag, ISBN 3-478-08331-1)

Außerdem ist von **Richard J. Leider** bereits folgender Titel im mvgVerlag erschienen:

Tu, was du willst, nicht, was du sollst. ISBN 3-478-73360-X

Erich J. Lejeune

Lebe ehrlich – werde reich!

Erfolg ist kein Zufall, und mit Sicherheit kein Einzelfall – davon ist Erich J. Lejeune überzeugt. Er selbst hat am eigenen Leib erfahren, was es bedeutet, ganz unten zu sein. Und es ist ihm gelungen, sich aus dem Nichts zu einem der erfolgreichsten Unternehmer Deutschlands empor zu arbeiten. Sein Credo lautet: Wer ehrlich lebt, wird auch erfolgreich. Denn wenn man aufrichtig seine Ziele verfolgt, mit Mut und Zuversicht handelt und voller Selbstvertrauen die Dinge aktiv anpackt, kann der Erfolg nicht außen vor bleiben – und der Reichtum kommt dann ganz von allein. Wichtig ist dabei auch die Kommunikationsfähigkeit. Man muß mit anderen reden, anderen zuhören und seine Ziele klar definieren, um neben einem Netzwerk an Beziehungen auch immer ausreichend mit notwendigen Faktoren versorgt zu werden.

Der K-Faktor und wie man mit einer Briefmarke sein Leben verändert

Selbstvertrauen schafft Zutrauen

Ein paar Fragen vorneweg: Welches Bild haben Sie von sich selbst? Mögen Sie sich selbst? Sind Sie mit sich grundsätzlich zufrieden? Haben Sie eine gute Portion Selbstvertrauen, oder glauben Sie, daß Ihnen die meisten Menschen, mit denen Sie zu tun haben, geistig überlegen sind? Oder fühlen Sie sich geistig überlegen, aber im Machtapparat unterlegen – nach dem Motto: „Ich habe recht, aber auf mich hört ja niemand"?

Bei wem suchen Sie die Schuld, wenn etwas schiefgeht? Es gibt Menschen, die, wenn sie ein Glas hinunterwerfen, vorwurfsvoll zu Ihrem Partner sagen: „Warum hast du das dorthin gestellt?" Wie gut sind Sie im Austragen von Konflikten? Müssen Sie immer nachgeben, oder können Sie Ihren Standpunkt ohne Aggressionen behaupten? Haben Sie das großartige Gefühl, die volle Verantwortung für alle Entscheidungen zu tragen, die in Ihrem Leben wichtig sind? Sind Sie im Einklang mit Ihren Gefühlen?

Welche Vorbilder haben Sie?

Sind Sie von dem Ziel, das Sie sich gesetzt haben, überzeugt, oder haben es andere für Sie festgelegt? Welche Entwicklungsmöglichkeiten sehen Sie für Ihre Persönlichkeit? Glauben Sie, daß sich in Ihrem Leben noch eine Menge verändern kann, oder haben Sie den Eindruck, daß Ihre Entwicklung mehr oder weniger abgeschlossen ist? Welche Vorbilder haben Sie? Sind Sie stark mit sich selbst beschäftigt, oder interessieren Sie sich für die Meinung anderer Menschen? Was ist Ihnen wichtiger: beliebt zu sein oder zu einer Meinung zu stehen, die Sie als richtig erkannt haben?

Wie groß ist Ihr K-Faktor?

Das Bild, das Sie von sich selbst haben, ist ganz entscheidend dafür, wie Sie auf andere Menschen wirken und wie andere Menschen auf Sie reagieren! Es bestimmt Ihren K-Faktor – Ihren Kommunikationsfaktor! Denn ob wir es wahrhaben wollen oder nicht: Ob wir mit unseren Mitmenschen in einem lebendigen geistigen Austausch stehen, uns gegenseitig anregen, uns in der Gesellschaft anderer Menschen wohl fühlen oder ob wir ständig Schwierigkeiten haben, ist ein ganz getreues Abbild der Vorstellung, die wir von unserem Leben haben. *Liebe deinen Nächsten wie dich selbst!* gilt auch in seiner Umkehrung: *Deine Nächsten lieben dich wie du dich selbst!*

Gesprächspartner findet man überall

Ich habe von Kind auf sehr stark den Kontakt zu anderen Menschen gesucht, um die engen Grenzen, die mir von zu Hause gesetzt waren, zu überwinden. Das ist mir bis heute geblieben. Wo immer ich bin, fange ich an, mit anderen Menschen zu sprechen oder auch nur eine Geste auszutauschen. Mich interessiert einfach, wie andere Menschen denken, wie sie reagieren. Egal ob es der Mann an der Kasse ist oder der Kellner im Restaurant, die mitwartenden Hotelgäste in einer Lobby oder die Mitreisenden im Flugzeug. Ich trete immer in Kontakt zu meinen Mitmenschen. Glauben Sie mir, Gesprächspartner, die Ihnen etwas Neues, Unerwartetes und Interessantes erzählen können, finden Sie überall. Nutzen Sie Ihre „Leer-Zeiten" zum Lernen durch Gespräche!

Sympathiekurven

Ich halte das für ganz wichtig. Ohne diese Wegzehrung für unser Herz, unser Gemüt, unseren Geist und unsere Seele würden wir verhungern oder geistig absterben wie das Gras, wenn der Regen ausbleibt. Warum fühlen wir uns in Italien so wohl, genießen türkische Gastfreundschaft oder erinnern uns jahrelang an ein herzliches Gespräch mit einem griechischen Fischer?

Und warum liegt unser Land in der Sympathiekurve bei unseren Nachbarn so weit unten? Weil wir wieder lernen müssen, den Menschen, denen wir begegnen, Freundlichkeit, Sympathie, ja Herzlichkeit entgegenzubringen – ohne Berechnung, ohne etwas dafür als Gegenleistung haben zu wollen. Ich kann natürlich sagen: „Was geht mich dieser Verkäufer an, der soll mir gefälligst den Anzug verkaufen, den ich haben möchte, und damit basta!" Aber wer so denkt, geht am Leben vorbei, denn Leben bedeutet, daß immer Energie fließt, daß wir uns mit unseren Mitreisenden auf diesem Planeten geistig und seelisch und herzlich austauschen.

Wenn wir in ihnen nicht mehr sehen als ihre Funktion, in der sie uns nützlich sind, ist unser Dasein eine einzige „Endstation Sehnsucht"! Diese Begegnungen sind ein wichtiger Teil unseres täglichen Erlebens. In viel stärkerem Maß gilt das natürlich für die Verbindungen, die wir zu unseren Geschäftspartnern, zu unseren Kollegen, zu unseren Freunden und zu unserer Familie herstellen. Wenn diese Beziehungen in Ordnung sind, befinden wir uns in der Mitte des Lebens, ganz egal wieviel Geld wir in der Tasche oder auf dem Konto haben. Ganz egal ob wir im Streß stehen oder nicht!

Für mich waren und sind andere Menschen, ihre Gefühle, ihre Hobbys, ihre Anregungen, ihre Interessen und Meinungen immer wichtig. Als Jugendlicher habe ich alle möglichen Unternehmungen veranstaltet, um mit Gleichaltrigen und Gleichgesinnten etwas Sinnvolles zu tun und nicht nur herumzuträumen. Später habe ich in einer Band mitgespielt und nächtelang mit Freunden über Musik diskutiert. Diese offene Grundeinstellung war ganz ausschlaggebend für meinen Erfolg, und ich bin der felsenfesten Überzeugung, wenn Sie Ihrem Leben eine erfolgreiche Richtung geben wollen, können Sie durch einen lebendigen Gedanken- und Gefühlsaustausch mit den Menschen, die Sie bereits kennen und die Sie durch ein Öffnen Ihres Herzens noch kennenlernen werden, am schnellsten und wirkungsvollsten einen Umschwung in Ihrem Leben herbeiführen.

Danke – Die Brücke von Mensch zu Mensch

Sicher kennen Sie die Situation als Autofahrer. Sie bremsen ab, um einen anderen Verkehrsteilnehmer aus einer unübersichtlichen Einfahrt oder Nebenstraße herauszulassen. Sie haben ganz bewußt Ihr Vorfahrtsrecht an ihn abgegeben, weil Ihnen diese Höflichkeit und dieses Entgegenkommen eine wichtige Brücke zu anderen Menschen ist. Natürlich freuen Sie sich, wenn Ihnen der andere dafür als kleines Dankeschön ein freundliches Handzeichen, ein dankbares Kopfnicken oder auch ein herzliches Lächeln zurückschenkt.

Aber was geht in Ihnen vor, wenn dieses Dankeschön ausbleibt? Sind Sie enttäuscht? Sagen Sie sich vielleicht sogar verärgert: „Beim nächstenmal gebe ich nicht mehr nach. Soll der doch warten!" Das wäre schade!

Denn dieses dankbare Lächeln, das Sie ja meistens bekommen, schenkt Ihnen im Austausch für Ihr Entgegenkommen Freude. Die Freude des Einverständnisses mit einem wildfremden Menschen! Und das tut gut! Mit diesem wortlosen, aber inhaltsreichen Dankeschön in Form eines Lächelns entsteht eine kleine Brücke der Harmonie. Es sind die vielen kleinen Verbindungen der Herzlichkeit, die uns das Gefühl eines gemeinsamen Lebens geben. Es sind die spontanen Kontakte, die uns und den anderen aus der Anonymität herausholen und unser Leben lebenswert und liebenswert machen! Es ist das wunderbare Gefühl des Dankes, das von Herzen kommt und direkt in Ihr Herz zurückfließt.

Warum fällt es vielen Menschen so schwer, diese kleinen oder auch großen Brücken mit einem ehrlichen und herzlichen Dankeschön zu schlagen? Ich kann das nicht verstehen! Was hält Menschen davon ab, ihr eigenes Leben mit einem Dankeschön zu bereichern?

Der geniale Chirurg

Kürzlich hatte ich eine wunderbare Begegnung. Sie steht seither in meinem Denken als ein Symbol für unermeßlichen Dank an das Leben. Gute Freunde hatten meine Frau und mich zu einer bayerischen Fahnenweihe auf ihre Alm in den Bergen eingeladen. Dort kam ich mit einem Professor der Medizin ins Gespräch. Dieser Arzt aus Leidenschaft leitet seit vielen Jahren mit Leib und Seele – und mit einem großen Herzen – die Abteilung Unfallchirurgie einer der größten Münchner Universitätskliniken. Tag für Tag, Nacht für Nacht bekommen er und sein Team Unfallopfer mit den unvorstellbarsten Verletzungen zur Behandlung eingeliefert. Dabei vollbringt dieser geniale Chirurg mit seinem Team wahre Wunder. Über diese Arbeit erzählte er bei unserem Zusammentreffen mit großer Eindringlichkeit.

Dieser ungewöhnliche Mensch interessierte mich immer mehr. Ich fragte ihn, wie er ertragen könne, täglich schwierigste, lebensrettende Operationen durchzuführen und dabei ein so ausgeglichener und lebensfroher Mensch zu sein. Er antwortete mir: „Mein Beruf ist mein Leben. Und Leben retten ist mein Beruf! Das tue ich wirklich mit ganzem Herzen!“

An diesem Punkt sagte ich zu ihm: „Da werden Ihnen aber sicher viele Menschen sehr dankbar sein! Denn Sie schenken ihnen doch mit Ihrem Können und mit Ihrem Einsatz oftmals das Leben neu!“ Seine Antwort war zunächst ein langes, nachdenkliches Lächeln. Und dann gab mir dieser bescheidene Mann zur Antwort: „Herr Lejeune, Sie werden es kaum glauben: Aber von den vielen, vielen Patienten, die ich in all den Jahren zusammen mit meinem Team ins Leben zurückholen konnte, haben sich nur etwa eine Handvoll bei mir persönlich bedankt.“

Ich war sprachlos! Wie ist es möglich, daß Menschen so wenig Dankbarkeit empfinden können? Was mich aber noch mehr verwunderte, war, daß dieser wunderbare Arzt über das Ausbleiben eines persönlichen Dankeschöns keineswegs verbittert war. Ich fragte weiter: „Wie können Sie Tag für Tag Ihren verantwortungsvollen Beruf ausüben, wenn Sie so gut wie nie ein Dankeschön dafür bekommen?“ Darauf antwortete er mir: „Mein schönster Dank ist, wenn es mir wieder einmal gelungen ist, ein Menschenleben zu retten!“

Was für eine großartige Berufsauffassung und was für ein großartiger Glaube steht hinter einem Menschen, daß ihm das Gelingen seiner Arbeit und „Gotteslohn“ als Dank ausreicht! Ich war von diesem Arzt aus Passion wirklich sehr beeindruckt.

Danken heißt doch auch: an den anderen zu denken, in Gedanken und hoffentlich auch in Worten seine Leistung zu achten und ihm dafür Freude zu schenken. Der K-Faktor des Denkens bedeutet: *Nicht nur nehmen, sondern auch zurückgeben!* Denn wer nicht dankt, steht letzten Endes mit leeren Händen vor dem, der ihm Gutes hat angedeihen lassen! Nehmen Sie diese kleine Geschichte als Erinnerung in Ihr Denken auf. Achten Sie darauf, daß Sie Ihren K-Faktor immer auch durch ein Dankeschön stärken!

Erfolg durch Kontakte

Ganz entscheidende Weichenstellungen in meiner Laufbahn und in der Erfolgsgeschichte meines Unternehmens sind durch Dank und persönliche Kontakte entstanden. Erfolge kann man nie alleine und auf sich gestellt erringen. Man braucht immer Menschen, die einen mögen und die einem gelegentlich einen guten Hinweis geben – ohne daß man den Kontakt zu ihnen auf der egoistischen Basis aufbaut: „Wie kann mir der nützlich sein?“ Dieses wertfreie Interesse an anderen Menschen hat in meinem Leben immer eine große Rolle gespielt. Bedenken Sie den Satz: Beziehungen schaden nur dem, der sie nicht schätzt! Wer aber Beziehungen „ausnutzt“, der verspielt sie früher oder später!

Man muß den Mund aufmachen, wenn es sonst keiner tut!

Es war in der Anfangszeit meines Unternehmens, als ich noch nicht einmal eine richtige Hausbank hatte, da wurde ich durch meinen Kundenbetreuer zu einer Vortragsveranstaltung eingeladen. Der Generaldirektor der Ungarischen Nationalbank sprach über Devisengeschäfte mit dem damals noch kommunistischen Ungarn. Bei den Schwierigkeiten, die mir mein ehemaliger Arbeitgeber auf dem deutschen Markt machte, lag es nahe, daß ich mich für Handelsbeziehungen zu anderen Ländern interessierte. Nach dem Vortrag sollte eine Diskussion stattfinden, aber, wie das bei derartigen Veranstaltungen oft der Fall ist, es herrschte tiefes Schweigen. Niemand folgte der freundlichen Aufforderung des Moderators, in die Diskussion einzusteigen – einerseits, um nicht durch Unkenntnis aufzufallen, andererseits, um nicht den Eindruck zu erwecken, man wolle sich mit seinem Wissen in Positur setzen.

Ich stellte nur eine Frage!

Kurz bevor diese Stille anfing peinlich zu werden, meldete ich mich mutig zu Wort. Ich hatte gehört, daß die Ungarn angefangen hatten, Fernsehgeräte zu produzieren, und so fragte ich nach dem Stand der ungarischen Fernseher-Produktion. Das war offenbar ein Volltreffer. Der Generaldirektor kannte sich mit diesem Thema ganz besonders gut aus, und ich war sozusagen in dieser Branche aufgewachsen. An dieser ganz konkreten Frage entspann sich eine lebhafte Diskussion, an der nun auch andere teilnahmen.

Was ich aber zu diesem Zeitpunkt nicht ahnen konnte: Der Mitinhaber dieser Privatbank, die zu dieser Veranstaltung eingeladen hatte, befand sich auch im Saal. Ihm war offensichtlich meine einzige Frage aufgefallen. Er erkundigte sich anschließend bei seinen Leuten: „Wer ist denn dieser Herr Lejeune?“ Er bekam die Auskunft, daß ich ein neuer Kunde sei, über den man noch nichts Genaues sagen könne. Noch ehe die Veranstaltung zu Ende war, wurde ich zu ihm gebeten und ihm vorgestellt. Er hieß Dr. Heinrich Ritter von Srbik. Er war eine beeindruckende Persönlichkeit. Mich faszinierte vor allem seine Erscheinung. Am nächsten Tag schrieb ich ihm einen Brief, bedankte mich für die Einladung und das Gespräch und äußerte den Wunsch, daß ich mich gerne ausführlicher mit ihm unterhalten würde.

Aus diesem ersten sehr persönlichen Gespräch entstand eine langjährige Geschäftsbeziehung und ein Vertrauensverhältnis, das mir ungeahnte Wege aufzeigte. So ebnete mir Dr. von Srbik den Kontakt zu Bosch. Ich als Kleinunternehmer, dessen Firma damals aus drei Leuten bestand, wurde an einen Weltkonzern als Lieferant empfohlen. Das erforderte von mir in dieser Anfangszeit nicht nur eine enorme Disziplin. Der Bankier setzte auch eine sehr hohe Meßlatte für mich an. Das gab meinem Selbstverständnis einen ungeheuren Auftrieb. Außerdem konnte ich bei anderen künftigen Kunden darauf hinweisen, daß dieser wirklich großartige Mensch mich empfohlen hatte.

Dieses eine Mal den Mut aufgebracht und im richtigen Moment die richtige Frage gestellt zu haben, verschaffte ce im Laufe der Jahre viele Geschäfte in einer Größenordnung, von der ich nicht einmal zu träumen gewagt hatte. Mit wenigen Sätzen hatte ich andere von mir überzeugt und so den Weg zu einem intensiven Kontakt geebnet. Mein darauffolgender Brief sorgte dafür, daß es nicht bei dieser zufälligen Begegnung blieb. Das war meine aufrichtige Wertschätzung. Denken Sie an dieses Erlebnis, wenn Sie wieder an einem Vortrag mit anschließender Diskussionsrunde oder an einem Workshop teilnehmen, bei dem kein rechtes Gespräch aufkommen will. Ihr Diskussionsbeitrag kann, wenn Sie damit durch die Oberfläche der Wörter hindurch die Gefühle Ihrer Mitmenschen berühren, der Start zu ungeahnten Begegnungen sein!

Eine Frage allein genügt nicht!

Die Tatsache, daß auch aus diesem Gespräch mehr wurde als ein unverbindliches Kontaktgespräch mit einem Kunden, erforderte dann ganz andere Qualitäten als den Mut für einen Diskussionsbeitrag und die Kenntnisse für ein längeres Gespräch. Ich mußte mir mit großer Disziplin und Ehrlichkeit den Glauben dieses Dr. von Srbik an mich erarbeiten. Ich mußte mich seines Vertrauens würdig erweisen. Daß Vertrauen in der ursprünglichen Bedeutung des Wortes „Kredit“ bedeutet, konnte ich erleben und mit Händen greifen, als unsere Firma gerade fünf Jahre alt war und wir immer noch in einer Dreizimmerwohnung mit der Küche als Packraum arbeiteten. Eines Tages hatte ich das Gefühl: „Jetzt wird es Zeit, daß wir die nächste Stufe anvisieren!“ Ich sagte damals zu meinem Partner Herbert Graus: „Komm, wir gehen jetzt mal spazieren und schauen, ob es in unserer Gegend irgendwo größere Räumlichkeiten für ce gibt!“

Tatsächlich kamen wir an einem Gebäude vorbei, das uns geeignet erschien. Es gehörte einer Immobilienmaklerin, die sich auch als Bauträger betätigte. Ich erkundigte mich, ob man diese Räume mieten könne. Da sagte die Inhaberin: „Mieten nicht, aber kaufen!“ Das machte uns stutzig. Wir zogen Erkundigungen ein und erfuhren, daß diese Firma kurz vor dem Konkurs stand. Wir einigten uns nach zähen Verhandlungen zur beiderseitigen Zufriedenheit. Aber nun kam die größte Hürde! Wir hatten den Kaufpreis natürlich nicht auf dem Konto!

Das Geschenk des Vertrauens

In dieser Situation ging ich zu Dr. von Srbik und schilderte ihm unsere große Chance. Der schickte schnellstens einen Immobilienfachmann vorbei und gab mir dann telefonisch den Bescheid: „Stellen Sie den Scheck aus! Die Immobilie ist das Geld wert!“ Das überstieg unsere Möglichkeiten damals um ein Vielfaches. Ich unterschrieb den Scheck auf Anraten unserer Bank, allerdings mit zitternden Händen. Aber das war genau der richtige Schritt.

Enttäusche nie deinen Banker!

Manchmal muß man sich im Leben große Schuhe anziehen und zusehen, daß man hineinwächst. In einer solchen Phase ist es wichtig, Menschen zu haben, bei denen man seine Träume artikulieren kann. In solchen Situationen hat es auch keinen Sinn, sich von sogenannten „guten Freunden“ beraten zu lassen. Die haben oft ein festgefügtes Bild von dir, und sie haben irgendwo im Unterbewußten die Vorstellung, daß du nicht größer werden darfst als sie. Davon muß man sich unbedingt freimachen. Das hat nichts mit Höhenflug zu tun, sondern damit, daß man sich in bestimmten Situationen einen Schritt nach vorne zutrauen muß. Und da ist es natürlich gut, wenn man einen Bankdirektor hat, der einem sein Vertrauen schenkt und „Kredit gewährt“ für die Zukunft. Deshalb kommt zu den notwendigen Kontakten noch ein weiterer Punkt dazu: Seien Sie immer ehrlich zu Ihrer Bank!

Kontakte schaffen Wachstum!

Nachdem wir in diese neuen Räume gezogen waren, sorgte Dr. von Srbik sogar dafür, daß wir diese Vergrößerung ausfüllen und unsere Verbindlichkeiten verringern konnten. Er saß nämlich zu diesr Zeit auch im Aufsichtsrat der damaligen Telenorma, kurz TN, einer Vertragsfirma der Deutschen Bundespost. Bei einer der nächsten Zusammenkünfte sagte Dr. von Srbik zu mir: „Was macht ce eigentlich im Telefonbereich?“ Ich antwortete wahrheitsgemäß: „Zur Zeit noch wenig!“ Darauf gab er mir die Telefonnummer des Vorstandsvorsitzenden dieser Firma und sagte, daß er mich bei ihm avisieren würde.

Bei meinem Besuch stellte mich der Vorstand seinen Direktoren vor, mich, den kleinen Gesellschafter von ce, der verzweifelt versuchte, sich seine Aufregung nicht anmerken zu lassen. Aber aus dieser Begegnung entstand eine Geschäftsbeziehung, die unserem Unternehmen im Lauf der Jahre ganz bedeutende Erfolge einbrachte. Wir schafften damit den Durchbruch und wuchsen wie von selbst in unsere neuen Büroräume hinein. Über die Rückzahlung der Hypothek brauchten wir uns bald keine Sorgen mehr zu machen.

Wer viele Vertrauenskonten hat, besitzt ein unschätzbares Vermögen, denn Kredit heißt nichts anderes als gegenseitiges Vertrauen. Mit diesem „Vertrauenskredit“ ist nicht nur ce gewachsen. Auch ich bin durch die Begegnungen gewachsen, die dadurch erst möglich wurden.

Optimismus verbindet

Überlegen Sie mal, auf wen Sie selbst intuitiv zugehen, wenn sie in einer belebten Straße nach dem Weg fragen! Doch nicht auf jemanden, der Sie mit abweisender Miene von unten bis oben taxiert oder der den Kopf wegdreht, wenn Sie ihn fragend anschauen. Wer in Schwierigkeiten steckt, braucht unbedingt positive Begegnungen mit anderen Menschen! Das wirkt wie ein Heißluftballon, der einen mit Optimismus in die Sphäre des Erfolges hinaufträgt. Diese optimistische Grundhaltung hat mich getragen, als ich auf der Elektronik-Fachmesse vor dem Stand der Schweizer Weltfirma stehenblieb, obwohl ich mit meiner gerade gegründeten Firma schon fast wieder am Ende war. Mit diesem Optimismus und mit diesem unerschütterlichen Selbstvertrauen bin ich in die Gespräche mit Leuten gegangen, die bei „realistischer" Einschätzung nicht das geringste Interesse an einem Mr. Nobody haben konnten.

Meine Gespräche mit diesen Menschen haben mich in einer unglaublichen Weise gestärkt! Im nachhinein sieht diese Erfolgsgeschichte völlig zwangsläufig aus. Ich habe aber nur getan, was jeder andere auch hätte tun können. Briefe schreiben kann jeder, und telefonieren kann auch jeder. Man muß nur seinen Mut zusammennehmen, sich aufraffen und an einen Menschen schreiben, der einen brennend interessiert.

Optimismus ist ein Magnet

Warum sollten für Sie andere Erfolgsgesetze gelten? Derselbe Optimismus wird Menschen in Ihrer Umgebung dazu bringen, Ihnen zu helfen. Von diesem Optimismus und dieser positiven Grundeinstellung anderen Menschen gegenüber müssen Ihr Denken und Ihre Haltung durchdrungen sein. Optimismus ist die alles bewirkende Kraft. Sie gilt für Große und Kleine, für Arme und Reiche gleichermaßen! Nur wenn Sie das beherzigen, werden Sie wie ein Magnet die nötige psychische und materielle Unterstützung bereits erfolgreicher Menschen auf sich ziehen. Einem Menschen, der mit hängenden Schultern und unterwürfiger Geste am Straßenrand beim Betteln sitzt, wirft man sicher eine Münze in den Hut, aber man macht ihm keine Hilfsangebote, die ihn wieder auf die Beine stellen, und einem

Menschen mit griesgrämigem, abweisendem oder gar bösartigem Gesichtsausdruck genausowenig.

Deshalb ist es so ungeheuer wichtig, daß Sie sich jeden Tag aufs neue positiv programmieren und alle negativen Gefühle aus Ihrem Denken verbannen. Solange Sie in Ihrem Denken der Unsicherheit, dem Haß, dem Neid, der Eifersucht, der Mißgunst, der Überheblichkeit und der Verachtung Raum geben, können Sie keine vertrauensvollen Beziehungen zu anderen Menschen aufbauen. Sicher, es gibt diese Neid- und Haßgemeinschaften und auch das Einverständnis derer, das von gemeinsamem Dünkel und Hochmut getragen ist. Aber diese Negativklüngel sind alle dazu verurteilt, daß sich die negativen Einstellungen irgendwann gegen sie selbst richten.

Sprechen Sie niemals schlecht über andere!

Meiden Sie jede Gesellschaft, die ihre Identität darin findet, über andere Menschen abfällig zu urteilen. Denken Sie immer wieder an das grundlegende Gesetz des menschlichen Fühlens und Handelns: Man kann nicht gleichzeitig zwei entgegengesetzten Gefühlen Raum geben – Gutes tun und Schlechtes reden! Bei sich selbst an das Gute glauben und andere schlecht machen! Selbst sein Bestes geben und andere abfällig beurteilen! Konzentrieren Sie sich auf die positive Seite! Treten Sie in Wettstreit mit den Besten, und sprechen Sie sich täglich mehrmals den Satz vor: „Ich weiß, daß ich fähig bin, mein Lebensziel zu erreichen, und ich werde bei jeder auch noch so unbedeutenden Aufgabe mein Bestes dafür geben!“ Reden Sie mit einer Zunge! Sprechen Sie gut über andere Menschen! Es tut gut! Ihnen und Ihren Mitmenschen!

Spitzengespräche und Spitzenleistungen

Die Menschen, die wirklich oben angekommen sind, sind dort, weil sie genau diesen Grundsatz befolgt und immer ihr Bestes gegeben haben. Sie haben deshalb ein sehr feines Gespür dafür, ob jemand, der ihnen gegenübersteht, bereit ist, ebenfalls sein Bestes zu geben. Ihnen genügt ein Blick, um festzustellen, ob jemand von demselben Anspruch auf Spitzenleistungen besessen ist wie sie oder nicht. Diese Leistungsbereitschaft ist eine Frage der Ehrlichkeit und des Vertrauens.

Das Vertrauen, das Sie benötigen, um Ihr Ziel zu erreichen, bringt man Ihnen nur entgegen, wenn Sie bereit sind, immer Ihr Bestes zu geben! Zu diesem Vertrauen gehört der offene, ehrliche Dialog. Gespräche können nicht im Vertrauen enden, wenn man seine ehrliche Meinung zurückhält oder verdreht. Das setzt voraus, daß man ständig einen offenen Dialog mit sich selbst führt und daß man bereit ist, für sich selbst festzustellen, ob man sich richtig verhalten hat oder ob man Gewohnheiten oder auch Umgangsformen ändern müßte. Verbessern Sie Ihren K-Faktor, indem Sie ständig an sich und an der Vertrauensbasis mit Ihrer Umgebung arbeiten.

Globalisierung mit menschlichem Antlitz

Unvoreingenommen auf fremde Menschen zugehen ist gerade auch in fremden Ländern lebensnotwendig. Nur so kann man von anderen lernen oder mit ihnen Geschäfte machen. Sie werden es kaum glauben, wie ich unseren ersten Partner in den USA fand. Nicht mit einer Annonce in Fachzeitschriften und nicht durch Empfehlung. Ich fand ihn mit Hilfe des K-Faktors! Wenn man viel fliegt, hängt man viel auf Flughäfen herum. Eines Tages fing ich auf dem John-F.-Kennedy-Flughafen ein Gespräch mit einem ebenfalls wartenden Fluggast an. Es stellte sich heraus, daß er ursprünglich von den Philippinen kam, daß er früher im Stab von Präsident Marcos gewesen war und die Aufgabe gehabt hatte, amerikanische Elektronik ins Land zu holen. Er kannte Silicon Valley wie seine Westentasche – Präsidenten, Manager, Einkaufschefs. Er hatte die besten Kontakte, die man sich wünschen konnte.

Aber nun saß er ein wenig auf dem Trockenen. Seine Frau war Kinderärztin und hatte das Angebot bekommen, in New York eine Kinderklinik zu leiten. Dieses Angebot hatte sie angenommen, und er war mitgegangen. Nun war er zwar Präsident der philippinischen Handelskammer in New York, hatte aber ansonsten unwahrscheinlich viel Zeit. Ich weiß nicht mehr, ob es an diesem Punkt unseres Gesprächs war, daß wir unsere Visitenkarten austauschten. Jedenfalls wurde Evan Prado unser erster Partner in den USA. Wir sind bis heute Freunde geblieben.

Durch diese Auslandsbeziehungen bekamen wir Neuerungen viel schneller mit als der Rest der Branche. So waren wir in der ganzen Branche die ersten, die ein Faxgerät hatten. Unser japanischer Partner hatte uns darauf aufmerksam gemacht. Evan Prado wurde der Leuchtturm und Leitstrahl für unser Amerikageschäft! So wurde ein kurzes Gespräch auf dem John-F.-Kennedy-Flughafen in New York zu einer langanhaltenden, goldenen Begegnung!

Vertrauensphilosophie

Vertrauen aufzubauen ist eine ganz wichtige Angelegenheit auf dem Weg zum Erfolg! Vertrauen zu anderen kann man nur aufbauen, wenn man Selbst-Vertrauen besitzt, wenn man sich seiner Person sicher ist, wenn man selbstbewußt ist. Vertrauen heißt in erster Linie, ehrlich zu sich und zu den anderen zu sein. Man kann kein Vertrauen schaffen, wenn man sich selbst anlügt.

Vertrauen aufbauen kann man nur, indem man sich dem anderen zuwendet und sich ehrlich für ihn interessiert. Es ist wichtig, in die Schicksale der Menschen, mit denen man zusammenarbeitet, eingeweiht zu sein. Umgekehrt müssen diese auch wissen, wie es mir geht. In einem überschaubaren Mittelstandsunternehmen wie der kann das noch ein einzelner leisten. In einem Konzern muß das als Philosophie so ausgeprägt sein, daß diese Funktion von jeder Führungsperson übernommen und gelebt wird.

Zuständig für das Zwischenmenschliche

Bei einer bekannten Werkzeugfirma in München gab es einen Mann, der hatte keine andere Aufgabe, als diese zwischenmenschlichen Dinge abzufragen: „Wie geht es Ihrer Frau, was machen die Kinder, wie geht es Ihrem Hund? Wie hat Ihre Fußballmannschaft am Samstag gespielt?“ Dieser Mann war für seine Firma Gold wert! Denken Sie daran, wenn Sie in Ihrem Unternehmen den K-Faktor verbessern wollen! Wenn Sie mit Ihrer Empfangsdame am Morgen ein freundliches Wort wechseln, multipliziert sich diese Geste den ganzen Tag über mehrere Dutzend Mal!

Dafür muß man sich als Unternehmer mehr Zeit nehmen als für Gespräche mit den Anlageberatern. In großen Firmen herrscht zum Teil die Mentalität vor: „Wenn die da oben glauben, sie können führen, dann tun wir hier unten so, als ob wir arbeiten.“ Das heißt, wenn eine Botschaft nicht ankommt, verkehrt sie sich oftmals ins Gegenteil.

Man kann heute nur erfolgreich sein, wenn man im Team arbeitet, und dafür muß man wissen, was am Arbeitsplatz an Emotionen und Problemen entstehen. Kontakte schaffen, hinschauen, ständig den Markt beobachten, zuverlässig sein, nichts versprechen, was man nicht halten kann, flexibel sein, kreativ und innovativ sein – das waren und sind die Tugenden, die und ihre Mitarbeiter heute leben, und diese Tugenden, diese lebendigen Kontakte sind auf jede Branche, auf jedes Geschäft, auf jeden Menschen übertragbar.

Kontakt und Motivation schaffen Mit-arbeiter!

Ich suche ständig den Kontakt zu meinen Mitarbeitern. Ich weiß, wie es dem Bein des einen geht, der gerade operiert wurde, ich weiß, wie es dem Kind des anderen geht, das Fieber hatte. Oder sollte ich ehrlicherweise sagen, ich weiß es wieder? In einer Welle des Erfolges kam ich zu der Einstellung, das interessiert mich nicht mehr so stark, dafür habe ich keine Zeit mehr, und das hat sich bitter gerächt! Ich hatte kein Gefühl mehr dafür, welche Niederlagen aus dieser Richtung drohen.

Das hängt sehr wahrscheinlich mit diesem Erfolg und mit dem Neid auf denjenigen zusammen, der Erfolg hat. Die Menschen sehen nicht, mit welchem Einsatz dieser Erfolg erkämpft wurde. Sie sehen nur das Ergebnis und sie denken sich: „Warum hat der so einen sagenhaften Erfolg? Der steht mir eigentlich genauso zu!“ Sie sehen das schöne Auto, sie genießen es, daß man sie privat einlädt, sie sehen, wie man lebt, wie man in der Öffentlichkeit dasteht und Anerkennung findet. Das führt dazu, daß sie den Erfolgreichen nicht mehr als Menschen betrachten, sondern als Bank, der sie eine Rechnung aufmachen und die sie notfalls hintergehen, anschwindeln und belügen.

Das Spiel von Lüge und Zufall

Wir hatten in unserem Unternehmen eine Mitarbeiterin, lieb, nett, immer freundlich, nach außen hin immer in Übereinstimmung mit der Geschäftsleitung und scheinbar immer loyal. Aber leider bot gerade sie ein unglaubliches Beispiel für Lügenhaftigkeit! An einem Donnerstag nachmittag kam sie zu mir und zu meiner Frau und sagte, es täte ihr so wahnsinnig leid, sie hätte gerade einen Anruf aus Karlsruhe bekommen. Ihre Mutter sei schwer gestürzt, und sie müsse sich dringend um sie kümmern. Da sagte meine Frau: „Aber Ihr Vater ist doch Arzt!“ Darauf kam die Antwort, der sei auf einem Kongreß. Nun fiel meiner Frau ein, daß die Geschwister dieser Mitarbeiterin auch in Karlsruhe lebten. Das sei richtig, aber die seien leider in Urlaub. So hatte sie auf alle unsere Fragen sehr plausible Antworten!

Daraufhin stellten wir ihr es natürlich frei zu fahren, obwohl wir mitten in der Urlaubszeit im Sommer einen ziemlichen Engpaß hatten. Wir sagten ihr sogar noch, daß sie dafür keinen Urlaub abrechnen müsse. Gegen 16 Uhr kam sie nochmal und sagte mit bekümmertem Gesicht, nun sei ihr zu allem Unglück auch noch ein Stück von einem Zahn abgebrochen, nun müsse sie sofort aufbrechen. Meine Frau machte sich große Sorgen, ob diese Mitarbeiterin mit einer Spritze für die Zahnbehandlung anschließend noch mit dem Auto bis nach Karlsruhe fahren könne.

Das darauffolgende Wochenende verbrachten meine Frau und ich geschäftlich in Hamburg. Am Freitagnachmittag beschlossen wir, einen kleinen Rundgang durch die Innenstadt zu machen. Also schlenderten wir zwischen zwei Terminen über den Jungfernstieg. Plötzlich blieb meine Frau wie angewurzelt stehen. Dann sagte sie zu mir: „Du schau mal, da drüben geht unsere Mitarbeiterin. Wieso ist die nicht bei ihrer Mutter in Karlsruhe?“ Ich anwortete, ohne hinzusehen: „Ich glaube, du siehst Gespenster!“ Aber da lief meine Frau auch schon über die Straße geradewegs auf unsere Mitarbeiterin zu, die mit einem ehemaligen Mitarbeiter von uns verliebt Hand in Hand spazierenging! Von ihm hatten wir uns in gegenseitigem Einvernehmen getrennt. Meine Frau sagte nur einen Satz zu dieser jungen Frau: „Sie sind fristlos entlassen!“ Und die glaubte nun ihrerseits, Gespenster zu sehen.

Das Urteil einer klugen Putzfrau

Können Sie sich vorstellen, daß diese Frau noch die Stirn hatte, uns beim Arbeitsgericht zu verklagen? Der Richter tat allerdings beim ersten Termin einen wahrhaft salomonischen Ausspruch: „Wissen Sie, bei solchen Sachverhalten frage ich immer meine Putzfrau, wie sie entscheiden würde, und die sagte nur ‚Feuern!'" Und er riet ihr noch: „Nehmen Sie dieses Geschenk einer normalen Kündigung zum Monatsende an!" Ihr Anwalt meinte jedoch, diesen Ausflug nach Hamburg würde er schon glattbügeln! Aber am Ende siegte doch die Gerechtigkeit.

Eine Million Mal Vertrauen schaffen!

Trotzdem ist und bleibt der Motor in meinem Leben, anderen Menschen vollkommen zu vertrauen. Das ist die Grundlage meines Berufs. Wenn man mich fragt: „Was sind Sie von Beruf?", antworte ich immer: „Ich bin Verkäufer!" Ich habe seit meinem 14. Lebensjahr ungefähr eine Million Mal verkauft. Das habe ich mal hochgerechnet. Darauf bin ich stolz, denn erfolgreich Verkaufen bedeutet immer auch, das Herz und die Seele des anderen zu erreichen.

Alles, was man im Leben macht, hat mit Verkaufen zu tun, egal ob man sich um einen Auftrag bemüht oder eine Erfindung auf den Markt bringen will. Dazu gehört, daß ich den anderen motiviere, daß er sich für mich interessiert. Das setzt aber auch voraus, daß man sich für den anderen interessiert, denn Verkaufen ist keine Einbahnstraße. Das ist bei Freundschaften nicht anders. Wenn man sich in einer Freundschaft nur zurücklehnt und darauf wartet, daß immer der andere einen Vorstoß macht, anruft, Unternehmungen organisiert, dann ist eine Freundschaft zum Scheitern verurteilt. Spätestens dann, wenn der andere sich nach einiger Zeit die Frage stellt: „Wieso immer ich?" Verkaufen funktioniert dann am besten, wenn der eine weiß, ich kann etwas anbieten, was er braucht, und er weiß, ich brauche etwas, was er hat. Im besten Fall hält sich das die Waage, denn auch der Abnehmer wird nie die bestmögliche Ware und den bestmöglichen Service bekommen, wenn er von oben herab sagt: „Nun zeigen Sie mal, was Sie haben!“ Für mich heißt verkaufen: dienen, begeistern und Vertrauen schaffen!

Ehrliche Körpersprache

Verkaufen bedeutet auch gegenseitige Wertschätzung, den anderen zum Partner zu machen. Den Kunden als Partner zu sehen hat nichts mit psychologischer Raffinesse zu tun. Dazu gehört natürlich der gesamte Bereich der Körpersprache. Man betrachtet den anderen, wie er sich bewegt, wie er aussieht. Unwillkürlich nimmt man die Botschaften seiner Körpersprache auf, und man weiß meist nach wenigen Sekunden der ersten Begegnung, wie man mit dem Geschäftspartner zurechtkommt. Und vor allem spürt man hundertprozentig, ob es zwischen den Gesten und den Aussagen eine ehrliche Übereinstimmung gibt und ob man sich auf die Gefühle verlassen kann, die er aussendet.

Was für mich wichtig ist, ist das Herz. Wer ein reiches Herz hat, erlebt viel intensiver. Sympathie läuft immer über das Herz. Leben heißt auch, sich über andere zu freuen. Das einfachste Mittel, Sympathie und Freude zu schenken, ist ein Lächeln. Es ist der direkteste Weg von einem Herzen zum anderen. Es wird höchste Zeit, daß wir in diesem sogenannten Kommunikationszeitalter, das in zunehmendem Maße bestimmt wird von Handy, Internet, Satellitenbildtelefon und permanenter Erreichbarkeit rund um den Erdball, zu diesem ursprünglichsten Kommunikationsmittel zurückkehren. Außerdem kostet ein Lächeln viel weniger Kraft als ein mißmutiger Gesichtsausdruck – man braucht dafür nur zwei Muskeln im Gegensatz zu über 40 für eine verkniffene Miene.

Lächeln benötigt keine Sprache!

Deshalb funktioniert es über alle Sprachbarrieren hinweg. Sie können dieses einfachste Mittel menschlicher Kommunikation sofort ausprobieren. Falls Sie das schon länger nicht mehr getan haben, werden Sie überrascht sein, wie schnell es wirkt – sogar ohne daß man es sieht. Sie können ein Lächeln nämlich durchs Telefon hören! Aber auch daran können Sie erkennen, daß es auf dem Weg zu Ihrem Erfolg nichts gibt, was man isoliert lernen oder anwenden kann! Wer kein überzeugendes Selbstvertrauen hat, kann auch nicht überzeugend lächeln!

Das gleiche gilt für die Freude, die man einem anderen Menschen bereitet. Freude, die man ohne das richtige Selbstvertrauen schenkt, wird schnell zu einer Geste der Unterwürfigkeit oder Anbiederung. Und Freude, die man aus einem Gefühl der Überlegenheit schenkt, wird von dem Beschenkten sehr schnell als Geste der Herablassung durchschaut und auf die negative Seite gebucht! Echte Freude kann man nur schenken, wenn man selbst Freude am Schenken hat und den anderen als ebenbürtigen Partner ansieht.

Aus: Erich J. Lejeune, Lebe ehrlich – werde reich!
(mvgVerlag, ISBN 3-478-71790-6)

Außerdem sind von **Erich J. Lejeune** bereits folgende Titel im mvgVerlag erschienen:

Du schaffst, was du willst! ISBN 3-478-72290-X
365 x Motivation. ISBN 3-478-08633-7
Mein Marathon des Lebens. ISBN 3-478-72620-4

Im verlag moderne industrie sind erschienen:

So verkaufen Sie sich reich. ISBN 3-478-24390-4
Einigkeit und Recht und Feigheit. ISBN 3-478-38430-3

Lothar J. Seiwert

Das 1 x 1 des Zeitmanagement

Zeitdruck und Hetze müssen nicht sein. Schon acht Minuten täglich reichen aus, um die berufliche und private Zeiteinteilung zu perfektionieren.

Erst, wenn man bereit ist, Zeit als wertvolles Kapital zu begreifen, und wenn man bewußt mit ihr umgeht, kann man ihren Wert, aber auch ihre Möglichkeiten richtig begreifen. Mit praktischen Ratschlägen und raffinierten Tips zeigt Lothar J. Seiwert, wie man sein Zeitpotential optimal ausschöpft und die eigene Leistung stetig verbessert.

Nutzen Sie die Zeit

„Wenige haben genug Zeit, und doch hat jeder fast alle Zeit, die es gibt.“

(Paradoxon der Zeit)

Zeit ist:
– Geld
– Leben
– Kapital

Zeit ist das wertvollste Gut, das wir besitzen. Es ist das meist benutzte Hauptwort der deutschen Sprache. Zeit ist mehr wert als **Geld**. Unser Zeit-Kapital muß sorgfältig angelegt werden. Wir können unser Leben als die Zeit beschreiben, die uns hier auf Erden zugeteilt ist. Unsere wichtigste Aufgabe im **Leben** ist es, so viel wie möglich aus dieser Zeit zu machen.

Zeit ist ein wertvolles **Kapital**:

- Zeit ist ein absolut knappes Gut.
- Zeit ist nicht käuflich.
- Zeit kann nicht gespart oder gelagert werden.
- Zeit kann nicht vermehrt werden.
- Zeit verrinnt kontinuierlich und unwiderruflich.
- **Zeit ist Leben.**

Die Zeit verrinnt kontinuierlich und unwiderruflich

Selbstbesinnung

Selbstbesinnung

- Wieviel ist Ihnen eine Stunde **Zeit** Ihres Lebens wert?
- Gehen Sie mit Ihrer Zeit ebenso sorgfältig um wie mit Ihrem **Geld?**

Zeit-Kapital ist knapp

Begrenztes Zeit-Kapital

Unser begrenztes **Zeit-Kapital** ist nur schätzbar: Auch bei einer höheren Lebenserwartung verfügt man **maximal** über **200 000 Stunden** noch verplanbarer Zeit. Heute beginnt der erste Tag vom Rest Ihres Lebens.

Nutzen Sie Ihre Zeit!

Nutzungsgrad nur 30–40%

Der Nutzungsgrad des menschlichen Leistungspotentials in der Wirtschaft wird auf nur 30% bis 40% geschätzt. Die meiste Energie und Zeit verpufft, weil klare Ziele, Planung, Prioritäten und Übersicht fehlen.

Welcher der folgenden Aussagen stimmen Sie zu? 

Einschätzung: Zeitkultur	**Stimmt**	**Stimmt nicht**
• Viele erfolgs- und karriereorientierte Berufstätige klagen über **Zeitnot** und **Arbeitsüberlastung** (Überstunden-Syndrom).	○	○
• Viele fühlen sich **gestreßt**. Oft müssen viele Dinge gleichzeitig erledigt werden. Die hohe Verantwortung, die enorme Arbeitsmenge, häufig kurzfristige Termine, die Vielfalt der Aufgaben und andere Leistungsanforderungen setzen einen unter Zeitdruck und Streß.	○	○
• Viele arbeiten nicht, sondern **werden „gearbeitet“**. Ein großes Problem ist oft, daß man nur noch reagieren kann, statt zu agieren. Rund um die Uhr nehmen einen Kunden, Chef, Mitarbeiter, Telefonanrufe und vielfältige Arbeiten dauernd in Anspruch mit dem Ergebnis, daß nur noch „rotiert“ wird.	○	○
• Viele Manager verrichten ihre eigentlichen Aufgaben erst nach Dienstschluß. Sie finden tagsüber dafür keine Zeit, weil es zu viele **Störmomente** gibt, sie durch das Tagesgeschehen, z.B. langwierige Besprechungen, bestimmt und durch Nebensächlichkeiten häufig abgelenkt werden.	○	○
• Viele leiden, wie Untersuchungen zeigen, unter dem **Arbeit-Freizeit-Konflikt** als dem Problem Nr. 1. Die Zeit, die für Beruf und Überstunden draufgeht, kann nicht mit der Familie verbracht werden und wird hier – mit Recht – zu einem Ärgernis.	○	○

Zeit-Nutzung durch Zeit-Management

Eine bessere oder gar optimale **Nutzung** Ihrer wertvollen und knappen Zeit erreichen Sie nur durch ein bewußtes, kontinuierliches und konsequentes Zeitmanagement:

Zeit-Nutzung

Zeitmanagement bedeutet, die eigene Zeit und Arbeit zu beherrschen, anstatt sich von ihnen beherrschen zu lassen.

Zeit-Management

Beherrschen Sie Ihre eigene Zeit!

Der Einstieg

Einstieg

Alle wirklich **Erfolgreichen** haben eines gemeinsam: Irgendwann in ihrem Leben haben sie sich einmal hingesetzt und über Verwendung und Nutzen ihres persönlichen **Zeitkapitals** gründlich **nachgedacht.**

Zielsetzung

Ziele

Wenn das Leben als Ganzes erfolgreich sein soll, muß ein durchdachtes Zeit- bzw. **Lebens-Konzept** dahinterstehen: Die Zeit, die uns zur Verfügung steht, muß für die Erreichung beruflicher und persönlicher **Ziele** bewußt eingesetzt werden. Nur so kann ein direkter Zusammenhang zwischen der Bewältigung der täglichen Aufgaben und Aktivitäten einerseits und der persönlichen Zufriedenheit und dem eigenen Fortkommen andererseits hergestellt werden.

Erfolgsaussichten

Erfolg

Nicht wie der Wind weht, sondern wie Sie die Segel setzen, darauf kommt es an! Erfolgreiches **Zeitmanagement** zeigt Ihnen neue Wege, wie Sie es schaffen

Übersicht

- mehr **Übersicht** über anstehende Aktivitäten und Prioritäten zu gewinnen

Kreativität

- mehr Freiraum für **Kreativität** zu erhalten (agieren statt reagieren)

Streß-abbau

- **Streß** bewußt zu bewältigen, abzubauen und zu vermeiden

- mehr **Freizeit,** d.h. mehr Zeit für Familie, Freunde und sich selbst zu gewinnen; *Freizeit*
- Ihre **Ziele** konsequent und systematisch zu erreichen, damit Ihr **Leben** Sinn und Richtung bekommt. *Lebensziel*

Nimm dir Zeit …

Nimm dir Zeit

Nimm dir Zeit zum Arbeiten. Das ist der Preis für den Erfolg.
Nimm dir Zeit zum Nachdenken. Das ist die Quelle der Kraft.
Nimm dir Zeit zum Spielen. Das ist das Geheimnis der Jugend.
Nimm dir Zeit zum Lesen. Das ist das Fundament des Wissens.
Nimm dir Zeit für die Andacht. Das wäscht den irdischen Staub von deinen Augen.
Nimm dir Zeit für die Freude. Das ist die Quelle des Glücks.
Nimm dir Zeit für die Liebe. Das ist das Sakrament des Lebens.
Nimm dir Zeit zum Träumen. Das zieht die Seele zu den Sternen hinauf.
Nimm Dir Zeit zum Lachen. Das hilft, die Bürden des Lebens zu tragen.
Nimm Dir Zeit zum Planen. Dann hast Du für die übrigen neun Dinge Zeit genug.

(Irländische Quelle)

Aktionsplan

Was werden Sie ab heute tun, um Ihre Zeit besser zu nutzen?

Haltet den Dieb!

Beginnen Sie positiv

„Ein fröhliches Herz ist die beste Arznei; ein gedrücktes Gemüt dörrt das Gebein aus.“

(Altes Testament)

Schlechte Startphase = schlechter Tag

Start in den Tag

Es ist fast immer das gleiche Problem: **Unausgeschlafen,** mit Eile und Hast, ohne vernünftiges Frühstück in die Firma gerast – mit einem solchen Start kann der **Tag sehr leicht mißlingen!**

Guter Start = guter Tag

Positiver Beginn

Gönnen Sie sich Zeit am Morgen:

- für ein gemütliches **Aufwachen**
- für ein schönes **Frühstück** mit der Familie
- für eine wohltuende persönliche **Hygiene** und Pflege
- für eine gelassene **Fahrt zur Arbeit** ohne Hast

Positive Lebensführung und Life-Styling

Positive Grundeinstellung

Sie sollten versuchen, jedem neuen Tag etwas **Positives** abzugewinnen, denn unsere Grundeinstellung zu unserer Umwelt, also auch die **Einstellung**, wie wir an die anstehenden Aufgaben herangehen, hat einen maßgeblichen Anteil an unserem Erfolg oder Mißerfolg. Alle Lebenshilfeschulen und Autoren von Erfolgsratgebern sind einhellig der Auffassung, daß Erfolg sehr stark von der persönlichen Einstellung, den eigenen Gedanken, Gefühlen und Gemütszuständen abhängt und durch **positives Denken und Handeln** entsprechend beeinflußt werden kann.

Positives Denken

3 Positiv-Regeln

3x positiv

Um eine **positive Einstellung** zum neuen Tag zu erhalten, sollten Sie **drei Regeln** beachten:

Freude

- Jeden Tag etwas tun, das Ihnen sehr **viel Freude** bereitet.

Zielerreichung

- Jeden Tag etwas tun, das Sie spürbar Ihren persönlichen **Zielen** näherbringt.

Freizeit

- Jeden Tag etwas tun, das Ihnen einen **Ausgleich zur Arbeit** schafft (Sport, Familie, Hobby etc.)

Vor der Arbeit

Tagesvorbereitung

Bevor Sie sich auf **Ihre Arbeit** stürzen, sollten Sie sich in aller Ruhe auf den Tag einstellen, indem Sie

Check-up des Tagesplanes

- Ihren **Tagesplan** (am Abend des Vortages erstellt) anhand der fixierten Aufgaben und Tagesziele nach Wichtigkeit und Dringlichkeit **noch einmal durchgehen**;

A-Aufgaben vorbereiten

- für die **Schwerpunktaufgaben** des Tages (A-Aufgaben) die nötige **Arbeitsvorbereitung treffen** und Unterlagen bereitlegen.

Vor der Heimfahrt

Tagesnachbereitung

Bevor Sie **aus Ihrem Büro** stürzen, sollten Sie in aller Ruhe den Tag abschließen und sich innerlich auf die Heimfahrt, den Abend und die Freizeit einstellen, indem Sie

Tagesplan überprüfen, Unerledigtes übertragen

- einen **Soll-Ist-Vergleich des Tagesplanes** im Hinblick auf die Zielerreichung durchführen
- prüfen, welche Aufgaben **nicht erledigt werden** konnten und auf den **nächsten Tag übertragen** werden müssen

Plan für den nächsten Tag

- den **Tagesplan für den nächsten Tag** aufstellen. So ersparen Sie sich am Abend und vor dem Schlafengehen unruhige Gedanken darüber, was wohl morgen noch alles auf Sie zukommen wird

Tagesbewertung

- im Sinne einer **positiven Lebensführung** sich bewußtmachen, welche Qualität und welchen Wert der Tag für Ihr Leben hatte

Einstimmung auf den Feierabend

- sich überlegen, wie Sie den **Abend** verbringen möchten. Viele kommen abends von der Arbeit nach Hause, ohne einen Gedanken daran verschwendet zu haben, wie sie Freude verbreiten und eine **Grundlage für einen guten Abend** schaffen können.

Aktionsplan

Was werden Sie ab morgen tun, um einen positiven Tagesbeginn zu erreichen?
Welche Möglichkeiten sehen Sie, dem Abend einen Höhepunkt zu geben (Familie, Kinder, Theater, Konzert, gutes Buch, Freunde, Ausgehen, Sport, Meditation usw.)?

WO IST DENN DEIN CHEF?
IM URLAUB
WIE GEHT'S IHM DENN?
GUT, ER FREUT SICH SEINES DASEINS
UND DIR?
ICH FREU MICH SEINES DORTSEINS

Beachten Sie die Leistungskurve

„Morgenstund' hat Gold im Mund."

(Volksweisheit)

Rhythmische Schwankungen

Jeder Mensch ist in seiner **Leistungsfähigkeit** während des ganzen Tages bestimmten Schwankungen unterworfen, die sich in einem **natürlichen Rhythmus** vollziehen und im voraus absehen lassen. Die statistische, durchschnittliche tägliche Leistungsbereitschaft und ihre Schwankungsbreite lassen sich durch folgende Grafik beschreiben (REFA-Normkurve):

Schwankungen in der Leistungsfähigkeit

Leistungskurve

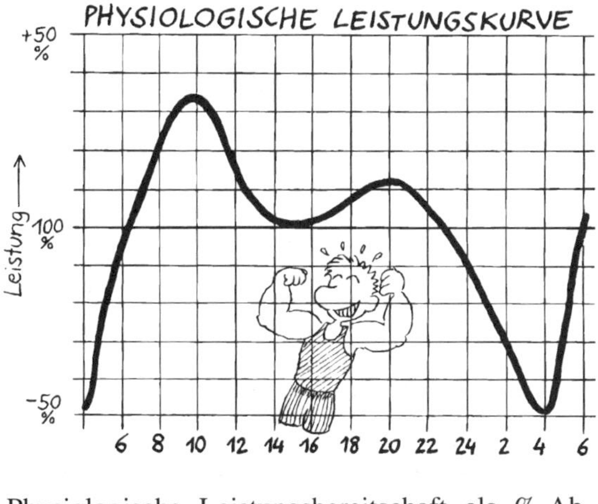

Physiologische Leistungsbereitschaft als %-Abweichung

Unterschiede und Gemeinsamkeiten

Individuelle Unterschiede

Hierbei gibt es zwar eine Reihe **individueller Unterschiede**, die durch Ernährungsgewohnheiten und andere persönliche Merkmale beeinflußt werden. Grundsätzlich jedoch kann man folgendes feststellen:

Leistungshoch am Vormittag

- Der **Leistungshöhepunkt** liegt am **Vormittag.** Dieses Niveau wird während des gesamten Tages nicht mehr erreicht.

Leistungstief nach dem Essen

- Am **Nachmittag** schließt sich dann das allgemein bekannte **Nach-Mittag-Tief** an, das von manchen durch starken Kaffeegenuß bekämpft, jedoch dadurch verlängert wird.

Zwischenhoch vor dem Feierabend

- Nach einem erneuten **Zwischenhoch** am **frühen Abend** fällt die Leistungskurve kontinuierlich ab, um dann einige Stunden nach **Mitternacht** ihren **absoluten Tiefpunkt** zu erreichen.

Persönlicher Tagesrhythmus

Leistungshoch: A-Aufgaben

Leistungstief: C-Aufgaben

Zwischenhoch: B-Aufgaben

Jeder von uns muß mit diesen Schwankungen der **persönlichen Leistungsfähigkeit** leben. Wichtig ist, daß Sie Ihren persönlichen Tagesrhythmus herausfinden, damit Sie die Erledigung der komplizierten und wichtigen Dinge **(A-Aufgaben)** während Ihres **Leistungshochs** am Vormittag einplanen können. Im berühmten **Leistungstief** sollten Sie nicht gegen Ihren biologischen Rhythmus arbeiten, sondern versuchen, zu entspannen und diese Phase für soziale Kontakte und Routinetätigkeiten **(C-Aufgaben)** zu nutzen. Nach dem Anstieg der Leistungskurve **am späten Nachmittag** können Sie sich wieder wichtigeren Aktivitäten **(B-Aufgaben)** zuwenden.

Persönliche Leistungskurve

Zeichnen Sie nun Ihre persönliche Leistungskurve:

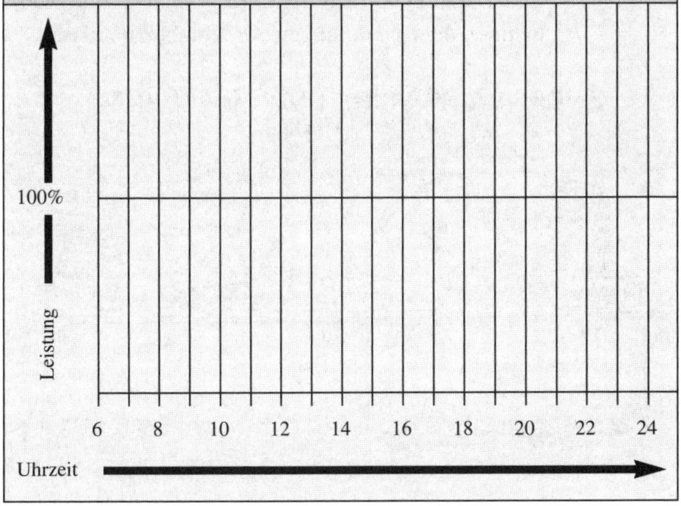

Leistungssteigerung

Produktivität

Wenn Sie durch eine **Tagesorganisation** nach der **Leistungskurve** die natürlichen **Gesetzmäßigkeiten Ihres Organismus** nutzen, werden Sie Ihre **Produktivität erheblich steigern** – ohne große Maßnahmen oder Änderungen vornehmen zu müssen.

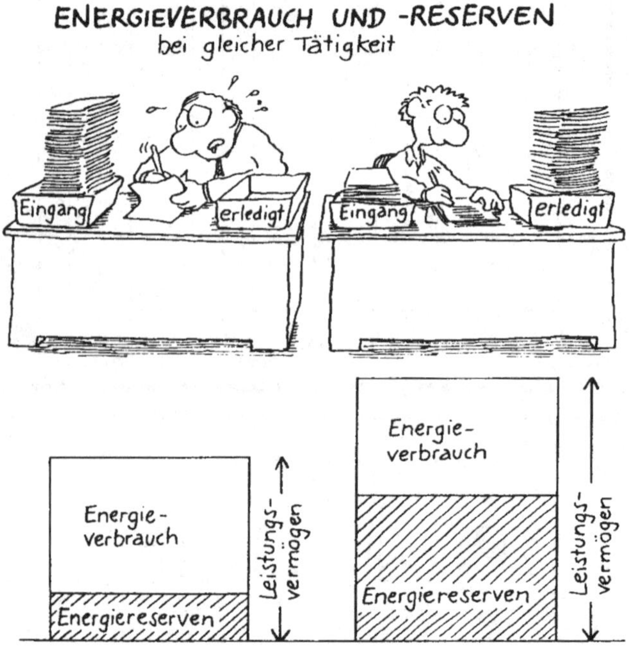

A-Aufgaben

Vormittag

Eine komplizierte, unangenehme Aufgabe, bei der man sich sehr konzentrieren muß, fällt am **Vormittag** erheblich leichter als im Leistungstief, wo man sich doppelt und dreifach abmühen muß!

Pausen zur Regeneration

Energie tanken

Zu langes, intensives Arbeiten macht sich ohnehin nicht bezahlt, da die Konzentration und Leistungsfähigkeit nachlassen und sich Fehler einschleichen. Betrachten Sie **Pausen** nicht als Zeitverschwendung, sondern als erholsames Auftanken von Energie.

Nach 1 Stunde Arbeit 10 Minuten Pause

optimale Erholung

Einschlägige medizinische Untersuchungen haben ergeben, daß der **beste Erholungswert** nach etwa 1 Stunde Arbeitszeit erzielt wird. Die Pause sollte nur bis zu 10 Minuten dauern, weil der optimale Effekt in den **ersten 10 Minuten eintritt,** danach jedoch eine sinkende Tendenz hat:

Regelmäßige Kurzpausen

- daher sollten Sie **regelmäßige,** aber **kurze Pausen** in Ihrem Tagesplan vorsehen.

Bewegung, Sauerstoff

- Der Regenerationseffekt der Pausen kann erheblich gesteigert werden, wenn Sie versuchen, sich zu entspannen, für Bewegung und frische **Sauerstoffzufuhr** sorgen.

PAUSE!

Leistungswerte der Konzentration im Verlauf von 60 Minuten

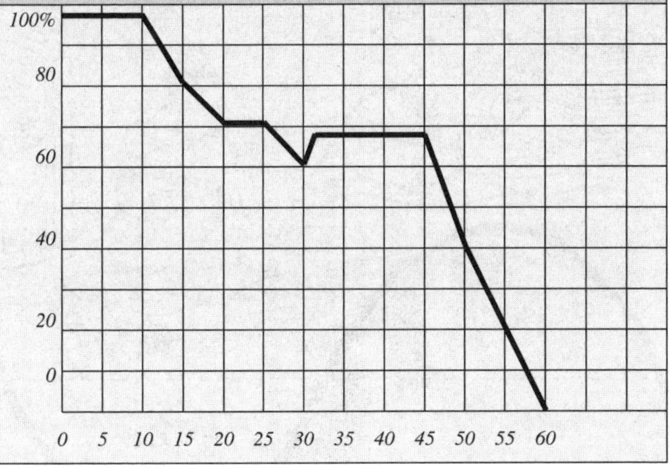

Aktionsplan

Was werden Sie ab heute tun, um Ihre Tagesleistung durch Anpassung Ihrer Zeitplanung an Ihren Biorhythmus zu verbessern?

Was werden Sie ab heute tun, um den Regenerationseffekt durch Kurzpausen besser nutzen zu können?

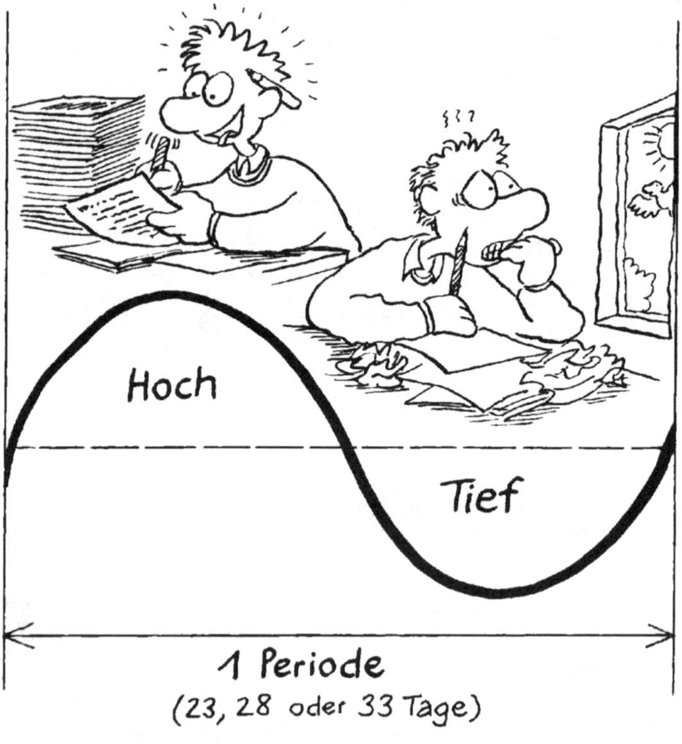

Biorhythmus

Aus: Lothar J. Seiwert: Das 1x1 des Zeitmanagement (Redline Wirtschaft, ISBN 3-478-81293-3)

Außerdem sind von **Lothar J. Seiwert (www.seiwert.de)** bereits folgende Titel im mvgVerlag und bei Redline Wirtschaft erschienen:

Das 1x1 der Persönlichkeit. ISBN 3-478-08896-8
Endlich Zeit für mich! ISBN 3-478-08591-8
Mehr Zeit für das Wesentliche. ISBN 3-478-81276-3

Kurt Tepperwein

Super-Intuition

Oft schätzt man eine Situation rein gefühlsmäßig richtig ein, doch man kann nicht begründen, warum. *Es bleibt nur die Intuition.* Und Intuition kann ein unglaublicher Schlüssel zu mehr Glück und Lebenserfolg werden. Wie man aktiv Zugang zu den oftmals vernachlässigten geistigen Fähigkeiten findet, erklärt Kurt Tepperwein. Er zeigt, wie man seine intuitiven Fähigkeiten trainieren, die Wahrnehmung steigern und somit die eigenen Potentiale besser entfalten kann.

Wer besitzt Intuition?

Diese Frage ist ganz einfach zu beantworten: Jeder Mensch besitzt Intuition, verfügt über ein intuitives Potential. Wir alle kennen das: Seltsame Ahnungen überkommen uns, wir haben ein gutes oder ungutes Gefühl, folgen einer inneren Stimme, verspüren in bestimmten Situationen oder bei konkreten Vorstellungen ein Ziehen in der Magengegend. Dieses intuitive Potential, das in jedem von uns angelegt ist, wird nur von den meisten Menschen nicht richtig beachtet, von vielen sogar regelrecht vernachlässigt oder auch unterdrückt und als Unsinn abgetan. In jedem Menschen sind die Fähigkeit angelegt und das Wissen vorhanden, um in jeder Situation die richtige Entscheidung treffen und jedes noch so schwierige Problem lösen zu können. Schade nur, daß so wenige Menschen Gebrauch von diesem Potential machen.

Die Wahrnehmung spielt bei der Intuition eine wichtige Rolle. Es gibt zwei Arten: die bewußte und die intuitive Wahrnehmung. Jeder von uns hat seine eigene, individuelle Art der Aufnahme von Eindrücken, des Umgangs mit einer Situation und der Erinnerung. Die *bewußte Wahrnehmung* geschieht über den *Verstand*, und wir fassen sie in *Worte*. Diese Verbalisierung gibt uns Sicherheit und Vertrauen, weil wir es von klein auf so gelernt haben. Auf diese Art und Weise „verarbeiten“ wir alles, was wir bewußt mit unseren fünf Sinnen aufnehmen, was wir sehen, riechen, fühlen, hören und schmecken.

Ganz anders die *intuitive Wahrnehmung*: Sie erfolgt auf einer *energetischen und holistischen Ebene*. Das intuitive Wissen läßt sich nur sehr schwer in Worte fassen, weil wir es eben nicht sehen, hören oder riechen können – und hier liegt die Schwierigkeit für den modernen Menschen: Wie soll er Vertrauen entwickeln in etwas, das er doch nicht greifen, ja nicht einmal begreifen kann. Wie soll er Vertrauen haben zu etwas, das er nicht wenigstens mit einem seiner fünf Sinne erfassen kann?

Nun mögen manche Menschen einwenden, daß sie überhaupt kein intuitives Wissen besitzen. Ich betone und wiederhole es deshalb auch immer wieder:

Jeder Mensch hat die Veranlagung zur Intuition

Wer allerdings diese Fähigkeit nicht trainiert, findet keinen Zugang zu ihr, kann sie nicht nutzen. Warum hat ein Gewichtheber starke Muskeln? Weil sie trainiert werden. Haben Sie sich einmal gefragt, warum der Verstand so gut funktioniert? Weil er ständig trainiert wird. Warum wird der Verstand so hoch eingeschätzt? Weil er von den meisten Menschen einen hohen Stellenwert erhält. Wer hindert Sie daran, das zu ändern?

Eine andere Einstellung ist erforderlich, um Intuition zuzulassen. Ohne Druck durch äußere Umstände verändert sich der Mensch im allgemeinen langsam, weil keine zwingende Notwendigkeit dazu vorliegt. Eine spontane, innere Wandlung wird meist nur durch eine außergewöhnliche Situation hervorgerufen: Wer sich in akuter Lebensgefahr, in einer Notlage befindet, lebenswichtige Entscheidungen treffen muß, der erfährt unvorbereitet die Wirkung der Intuition. Es muß aber nicht immer ein spektakulärer Anlaß sein, auch gezielte geistige Schulung kann eine Veränderung bewirken.

Die Devise von Hans-Jürgen lautete: „Ich glaube, was ich sehe. Für mich zählen nur Fakten." Mit dieser Einstellung gelang ihm ein schneller Aufstieg zum Direktor. Seine klare Aussage schien sich zu bestätigen. Er war dank der hervorragenden Marketingspezialisten, die er sich in die Firma geholt hatte, der Konkurrenz immer einen Schritt voraus, konnte seine Produkte als erste am Markt plazieren. Und der Erfolg schien ihm recht zu geben. Eines Tages ging es um eine enorme finanzielle Investition im Ausland. Die Zahlen, die Fakten waren in Ordnung; alles sprach für diesen Schritt. Trotzdem verspürte Hans-Jürgen ein ungewohntes, seltsames Gefühl der Unsicherheit, das er beiseite schob. Das Projekt wurde durchgeführt – und erwies sich als Flop. Es brachte die Firma an den Rand des finanziellen Ruins und zwang Hans-Jürgen zum Umdenken.

Intuitives Wahrnehmen, die Übertragung von Gedanken oder die Fähigkeit, Geschehnisse in der Zukunft vorhersagen zu können – all das sind ganz normale menschliche Fähigkeiten. Weil wir uns dieser nicht mehr bewußt sind, können wir Informationen nicht immer richtig auswerten, Signale nicht erkennen und deuten. So lassen wir unser Leben verstreichen, ohne dieses Potential in uns zu nutzen.

Geben Sie der Intuition einen anderen Stellenwert: Das Loslassen vom Verstand eröffnet Ihnen ungeahnte Möglichkeiten.

Kann man Intuition „trainieren“?

Die Intuition – das „unmittelbare Erfassen der Wirklichkeit“ – läßt Sie immer die richtige Entscheidung treffen. Sie mögen vielleicht nun einwenden, daß man auch mit Logik und klarem Verstand richtige Entscheidungen treffen kann. Dabei gibt es einen gravierenden Unterschied: Die intuitive Entscheidung „stimmt“, und zwar auch langfristig und in allen Bereichen. Erinnern Sie sich, wie oft Sie schon in Ihrem Leben verstandesmäßig getroffene Entscheidungen revidieren mußten.

Die Basis schaffen

So erwecken Sie Ihre Intuition

Damit sich die Intuition entfalten kann, müssen einige Grundvoraussetzungen vorliegen. Viel liegt an unserer Einstellung, in unseren Gedanken, in Vorurteilen, die uns oftmals gar nicht bewußt sind. Prüfen Sie deshalb, wie es mit Ihrer Einstellung zur Intuition tatsächlich aussieht. Möglicherweise wird Ihnen erst jetzt bewußt, daß Sie eine anti-intuitive Haltung haben. Wenn Ihre persönliche Einstellung zur Intuition, Ihre Zweifel, Ihr Mißtrauen Sie an der Entfaltung Ihrer intuitiven Kräfte hindern, dann finden Sie die Ursachen dafür heraus und ändern Sie Ihre Einstellung. Wenn Sie Ihr Potential entwickeln möchten:

- Werden Sie sich Ihrer Einstellung zur Intuition bewußt. Sind Sie skeptisch, wenn jemand von seinen intuitiven Fähigkeiten spricht, zweifeln Sie, ob es Intuition gibt, sind Sie mißtrauisch, wenn Sie sich auf Gefühle verlassen sollen?
- Entscheiden Sie sich für die Intuition, geben Sie ihr Raum in Ihrem Leben. Schenken Sie Ihrer Intuition Vertrauen. Lassen Sie die Dinge einfach einmal geschehen. Tun Sie Dinge spontan, ohne vorher Für und Wider abzuwägen.
- Verabschieden Sie sich von dem Gedanken, daß nur gut ist, was vernünftig ist.
- Öffnen Sie sich lieber für den Aspekt, daß richtig ist, was stimmt – was stimmig ist.
- Gehen Sie mit einer positiven Einstellung in jeden Tag, nehmen Sie das Leben von der spielerischen Seite, lachen Sie mehr, und lassen Sie Freude in Ihrem Leben wachsen.
- Denken Sie positiv. Schreiben Sie eine Woche lang auf, was Sie denken, und ziehen Sie die Konsequenzen aus dieser Niederschrift. Jammern Sie nicht über Fehlschläge, sehen Sie lieber jeden noch so kleinen Erfolg. Behindern Sie sich

nicht selbst durch Gedanken wie „Ich kann das nicht“, „Das schaffe ich nie“.

- Kräftigen Sie Ihr Selbstbewußtsein, lernen Sie sich und Ihre Stärken kennen. Nicht zufällig sind intuitive Menschen selbstbewußt und vertrauen auf ihre eigene innere Stärke; sie sind innerlich frei und unabhängig und haben eine positive Grundhaltung. Es sind Menschen, die offen und flexibel sind, keine Angst vor Veränderungen haben, sich nicht in starre Regeln und Verhaltensweisen pressen lassen. Kurz gesagt: Menschen, die auf ihre eigenen Fähigkeiten bauen und deshalb weniger Angst vor Unbekannten haben, deren Bedürfnis nach Sicherheit nicht jede neue Idee von vornherein als Risiko ausschaltet.
- Glauben Sie daran, daß Ihre Intuition nicht nur eine Lösung für Ihr Problem, eine Antwort auf Ihre Frage weiß, sondern die *ideale* Lösung kennt und die *beste* Antwort weiß.

Bewußtseinsübung

Wir können unser Bewußtsein in drei Richtungen lenken. Worauf wir unser Bewußtsein richten, danach richtet sich auch unser Leben:

- Wir können unser Bewußtsein auf negative Dinge und Umstände in der Welt lenken. Dann sehen wir Ungerechtigkeit, Haß, Neid, Angst, Egoismus usw. Als Folge davon nimmt unser Bewußtsein diese negativen Schwingungen auf, und sie manifestieren sich in unserem Leben.
- Wir können unser Bewußtsein auch auf die vielen positiven Dinge dieser Welt richten. Dann sehen wir Hilfsbereitschaft, Freundschaft, Verständnis, die Freiheit, die wir genießen, unsere Kraft und unsere Möglichkeit, einen als falsch erkannten Weg jederzeit zu verlassen und den richtigen Weg einzuschlagen. Als Folge davon nimmt unser Bewußtsein

diese positive Schwingung an, und sie manifestiert sich in unserem Leben.

- Wir können unser Bewußtsein allerdings auch auf das höchste Prinzip richten, auf die schöpferische Urkraft, auf Gott. Dann schauen wir nicht mehr auf eine bestimmte Form, auf eine Zeit oder einen Raum oder Ort, sondern richten unsere Aufmerksamkeit nur noch darauf, was das Leben in diesem Augenblick von uns will. Wir sind in steter Harmonie mit dem Strom des Lebens und leben ein erfülltes Leben. Die Notwendigkeit weiterer Inkarnationen erübrigt sich, wir sind endlich frei vom Schicksal und leben gemäß unserer Bestimmung in Harmonie mit der Schöpfung.

Von der Gedanken-Leere zur Geistes-Gegenwart

Sorgen Sie für günstige Umstände, damit Ihre Intuition sich entfalten kann.

- Finden Sie heraus, was Ihnen guttut: vielleicht ein Zustand der Gedankenstille, eine Atempause. Lernen Sie, Ihre Gedanken loszulassen, gedanken-leer zu werden. Dann können Sie auch schon den nächsten Schritt machen:
- Das Loslösen vom Ich und das Einswerden mit der allumfassenden Wirklichkeit. Damit kommen Sie zur Geistes-Gegenwart.
- Finden Sie zu einem Zustand des Eins-Seins mit sich und der Welt.

Training, Training, Training

Nutzen Sie jede Gelegenheit zu einem persönlichen Intuitionstraining.

- Fragen Sie sich, wer am Telefon ist, von wem Sie heute Post erhalten, ob es eine gute oder schlechte Nachricht sein wird.

- Spüren Sie, welcher Aufzug zuerst ankommt, auf welcher Strecke Sie schneller ins Büro kommen, wie das Wetter morgen sein wird.
- Üben Sie, bei unwichtigen Dingen schnelle Entscheidungen zu treffen, z.B. welches Gericht Sie beim Mittagessen bestellen, welche Schuhe Sie heute anziehen.
- Lassen Sie sich bei der Suche nach einem Parkplatz von innen „führen".
- Machen Sie ein Wahrnehmungstraining: Schalten Sie den Ton des Fernsehers ab und „erfassen" Sie die Situation, obwohl Sie doch nur noch Ihre Augen benutzen.
- Beschreiben Sie mit Worten einen Menschen, den Sie gerade auf der Straße gesehen haben: Größe, Kleidung, Statur, Haarfarbe, Augenfarbe usw.
- Und dann stellen Sie sich diesen Menschen bildhaft vor.
- Beschreiben Sie einen Menschen, den Sie kennengelernt und mit dem Sie nur kurz gesprochen haben: Stimmung, familiäre Situation, Beruf, Interessen, Gesundheit usw.
- Stellen Sie fest, auf welche Art und Weise sich Ihre Intuition „bemerkbar" macht, z.B. eher als Gefühl, als Bild oder hören Sie eine Stimme?

Eine andere Hilfe kann auch ein *Tagtraum* sein. Lassen Sie einen Film vor Ihrem geistigen Auge ablaufen, sehen Sie sich dabei eine zukünftige Situation an. Sie wollten beispielsweise schon immer in Italien leben und arbeiten. Stellen Sie sich nun vor, wie Sie mit italienischen Freunden in Ihrer Wohnung ein Fest feiern, wie Sie sich im Büro mit Ihrem Vorgesetzten fließend italienisch unterhalten oder wie Sie mit Ihrer Familie abends noch ausgehen, im Freien sitzen und sich amüsieren.

Lassen Sie es geschehen, lassen Sie Ihre Gedanken frei fließen, lassen Sie Ihrer Phantasie freien Lauf und bleiben Sie nur Betrachter. Fühlen Sie sich wie im Kino, und verfolgen Sie als Zuschauer Ihren persönlichen Film. Sie werden erleben, daß das

Geschehen in Ihrem Tagtraum eine Eigendynamik entwickelt. Achten Sie dabei auch auf Ihre Gefühle. Fühlen Sie sich wohl, sind Sie zufrieden oder sogar glücklich bei der Betrachtung Ihres Filmes? Spüren Sie, daß es „stimmt“? Ist es wirklich Ihr Weg? Mit solchen aktiven Träumen geben Sie Ihrer Intuition eine Möglichkeit, aktiv zu werden und Ihr Tun täglich zu beeinflussen.

Intuition und Verstand

Der Sitz der Intuition ist die rechte Hemisphäre des Gehirns, die gern auch die „stumme“ Seite genannt wird, weil sie nicht verbalisieren und sich nicht artikulieren kann. Diese Fähigkeiten haben ihren Sitz in der linken Hemisphäre, wo der logische Verstand angesiedelt ist. Das logische Denken besteht aus einer Folge von einzelnen nachvollziehbaren Schritten. Geistige Anstrengung sowie eine bestimmte Absicht sind dafür notwendig. Wer beide Teile des Gehirns gleichzeitig zu nutzen weiß, kann die größten Erfolge erzielen. Und dann ist es auch möglich, Intuition wirken zu lassen. Das unmittelbare Erfassen der Wahrheit und Wirklichkeit geschieht unabhängig vom bewußten Denken, vom Verstand.

Sehr oft entsteht Intuition, wenn der Verstand schweigt, in einer Denkpause, wenn er nicht mehr weiter weiß. In solchen Situationen haben viele Menschen plötzlich einen Ein-fall. Dieser Gedankenblitz kommt aus dem Überbewußtsein und wird sofort als wahr und richtig erkannt. Manchmal erfolgt Intuition auch als Ergänzung zum Verstand. Tagelang analysieren wir, befassen uns mit Fakten und Statistiken und kommen zu keiner Lösung. Und ganz plötzlich kommt der geistige Durchbruch: Wir hatten eine zündende Idee, einen Einfall!

Oder aber Sie haben verstandesmäßig eine gute Lösung gefunden, verspüren aber keine innere Ruhe bei dem Gedanken. Deshalb suchen Sie weiter und kommen zu einem anderen Ergebnis, das Intuition und Verstand vereint. Intuition kann sich auch des Verstandes bemächtigen.

Schwer zu identifizieren ist die Intuition, wenn sie nur kurz durch unser Bewußtsein huscht. Dann bleibt nur die Erinnerung – meist in Form von: „Eben habe ich es noch gewußt …" Die Lösung schien zum Greifen nahe – ähnlich einer Schneeflocke, die man mit der Hand zu fangen versucht: Blitzschnell schmilzt sie dahin. So ist es auch oft mit einer intuitiven Empfindung. Sie ist ganz nah und doch so fern. Aber im Gegensatz zur Schneeflocke, die sich unwiderruflich auflöst, können Sie sich die Intuition wieder herbeiholen. Stellen Sie einfach die Situation wieder her, in der die Intuition erfolgte. Versetzen Sie sich wieder in die gleiche Stimmung, denken Sie die gleichen Gedanken noch einmal – damit können Sie den intuitiven Zustand wieder herstellen.

Das intuitive Erfassen – energetisch und holistisch – führt zu einem unmittelbaren Verständnis, dessen Reichweite umfassend und grenzenlos ist. Es kann uns über alle Grenzen hinweg führen zum „universellen Denken" – einem Hauptmerkmal der Erleuchtung.

Intuition und Verstand können sich ergänzen.
Es kommt darauf an, was Sie mehr trainieren.

Das Intuitionstraining

Intuition ist das Sehen mit den Augen der Seele

Durch das unmittelbare Verstehen, was ist, war und sein wird, überschreiten wir die Grenzen des Verstandes und gelangen zum „universellen Denken". Das ist nicht etwa eine verstärkte Form des verstandesmäßigen Denkens, so wie wir es gewohnt sind. Das „universelle Denken“ basiert vielmehr auf unserer intuitiven Fähigkeit. Und das versetzt uns in die Lage, Entscheidungen zu treffen, die „stimmen“ – jetzt und in der Zukunft. Je mehr Intuition wir entfalten, je mehr Raum wir ihr in unserem Leben geben, je mehr sie unser Denken und Handeln bestimmt, desto erfüllter und glücklicher werden wir. Wir können zur Weisheit gelangen, wenn wir ganz aus der Kraft der Intuition leben.

Intuition ist frei von Irrtum.

Intuition ent-falten

Sie sind nun innerlich bereit und möchten Ihre Fähigkeiten entfalten. Sie sollten erst einmal den richtigen Bereich in Ihrem Inneren finden, damit Sie nach und nach dieses Potential aktivieren können. Wie bei der Zwiebel kann auch der Mensch eine Schale nach der anderen abtragen, um zu seinem Kern zu gelangen. Dann steht ihm sein ganzes Potential zur Verfügung, er lernt, die bereits in ihm vorhandenen Möglichkeiten wirklich zu nutzen und kann so zu wahrer Erfüllung und Erfolg finden.

Aber Sie sollten sich auch darüber im klaren sein, daß jede Veränderung erst einmal Unangenehmes mit sich bringen kann. Alte Denkmuster, Verhaltensweisen, Gewohnheiten müssen losgelassen werden. Das fällt nicht immer ganz leicht. Einer der Gründe, warum wir uns nur wenig verändern, liegt darin, daß wir viele unserer änderungswürdigen Verhaltensweisen überhaupt nicht bemerken, weil wir uns ja schon lange so oder so verhalten, so oder so denken. Intuition kann jedoch nicht wirken, wenn wir festhalten am Gewohnten, wenn wir in starren Schemata denken, fühlen und handeln. Lernen Sie also um, filtern Sie aus Informationen und Nachrichten das heraus, was wahr ist, und fügen Sie es zu einem neuen Ganzen zusammen.

Alle Erkenntnisse, die Sie gewinnen, können nur dann einen Sinn haben, wenn Sie sie auch umsetzen. Jeder Augenblick bietet eine Chance. Nutzen Sie diese Chance, denn sie kommt nicht wieder. Suchen Sie Ihre eigene Wahrheit und befolgen Sie sie. Wenn Sie das nicht tun, erhalten Sie Nachhilfeunterricht vom Schicksal – in den unterschiedlichsten Formen wie z.B. als Krankheit oder Mißerfolg. Wenn Sie sich ändern, werden sich auch Ihr Leben und Ihre Lebensumstände verändern.

Fassen Sie den Mut, in Ihr Inneres vorzudringen. Gehen Sie durch das „Tor der Unwissenheit", überschreiten Sie die selbst gesetzten Grenzen, damit Sie Ihre eigenen grenzenlosen Fähigkeiten nutzen.

Loslassen von Beschränkungen,
Begrenzungen sowie negativen und destruktiven Denkweisen.
Machen Sie Platz in Ihrem Inneren
für den göttlichen Funken,
erkennen Sie die Wahrheit hinter dem Sichtbaren:
Lassen Sie Ihre Intuition frei,
machen Sie den Schritt in eine erfüllte Zukunft.

Denken Sie „rechts"-seitig!

Damit ist keineswegs eine politische Richtung gemeint, sondern die rechte Seite Ihres Gehirns, denn unsere Fähigkeiten sind auf zwei Seiten verteilt. In der linken Seite des Gehirns:

- denken Sie logisch, linear, analytisch;
- rechnen Sie;
- sprechen Sie;
- kontrollieren Sie Gedanken und Taten;
- lesen, schreiben, ordnen Sie;
- erinnern Sie sich an Begriffe, Namen;
- ist der Sitz des Intellekts.

Hier können Sie am besten rechnen, denken, lesen, schreiben, komplizierte Sachverhalte erkennen und analysieren. Hier wird linear gedacht und geordnet; hier sitzt Ihr Gedächtnis für Fakten und das Wissen, das Sie sich erworben haben.

Unser Kurz- und Langzeitgedächtnis machen unser Wissen aus. Hier haben wir – ähnlich einem Computer – alles gespeichert, was wir erlebt und erfahren haben. Wenn wir Informationen richtig verknüpfen, finden wir Zugang zu diesem großen Wissensspeicher, aber auch wenn wir Erinnerungen ins Bewußtsein hochsteigen lassen. Es ist bekannt, daß in Hypnose, bei Meditationen oder extremen Angstzuständen, in Todesnähe oder ähnlichen außergewöhnlichen Situationen längst vergessene Erinnerungen ganz deutlich ins Bewußtsein gelangen. Wie in einem Film haben Menschen, die kurz vor dem Tod standen oder bereits klinisch tot waren und wieder ins Leben zurückkehrten, ihr Leben vor sich ablaufen sehen.

Das sind allerdings ganz extreme Situationen. Im Alltag benutzen wir das objektive Denken, die Ratio. Die Sinneseindrücke werden wahrgenommen, gespeichert und vernetzt. Daraus entstehen individuelle Verhaltensweisen, die unser Leben beeinflussen und das Überleben möglich machen. Durch unsere Erziehung und unsere Kultur wurde uns von klein auf vermittelt, daß der Verstand das Wichtigste in unserem Leben sei. Mit dem Verstand, so haben wir gelernt, können wir alle Probleme lösen, alle Situationen meistern. Der Verstand stehe also an erster Stelle in unserem Leben. Auf der rechten Seite:

- fühlen Sie;
- entwickeln sich die Emotionen;
- sind die künstlerischen Fähigkeiten angesiedelt;
- erkennen Sie figurativ, symbolisch und gleichzeitig;
- sitzen Ihre Träume und Phantasien;

- bewahren Sie Ihre Erinnerungen an Gesichter, Situationen, Gefühle auf (räumliches Gedächtnis);
- ist der Raum für spirituelle Entwicklung.

Auf dieser Seite des Gehirns denken wir nicht aktiv, sondern eher passiv. Wir empfinden, folgen intuitiven Eingebungen, haben Ahnungen – alles Kreative und Innovative entspringt dieser Seite. Und nicht nur das: Durch die rechte Hemisphäre sind wir mit dem kollektiven Unbewußten verbunden, dem Erfahrungsschatz der gesamten Menschheit. Alles, was jemals gedacht wurde und gedacht werden wird, ist hier für uns zugänglich.

Für ein wahrhaft glückliches und erfülltes Leben ist das Zusammenspiel beider Gehirnhälften notwendig. Ein Schriftsteller entwickelt in der linken Hälfte den logischen Ablauf seines Romans, in der rechten Seite findet er die richtigen Worte, um den Gefühlen Ausdruck zu verleihen, den emotionalen Bereich darzustellen. Ein Manager hat alle Fakten, Zahlen und Statistiken in der linken Hemisphäre „gespeichert". Der durchschlagende Verbesserungsvorschlag entsteht jedoch erst im Urlaub, einer entspannten Phase, in der er seiner Phantasie freien Lauf lassen kann.

Die Verbindung von rechter und linker Gehirnhälfte läßt uns ganz werden und zu ganzen, runden Ergebnissen kommen. Das ist nicht nur in Wissenschaft und Forschung so, wo Fakten und empirische Beobachtungen notwendig sind. Den Durchbruch, die grandiose Entdeckung, verursacht die Intuition – sie ist der Zündfunke, der den bereitstehenden Motor anspringen läßt.

Erst wenn Sie um die Fähigkeiten der beiden Hemisphären wissen und ein Gleichgewicht herstellen, können Sie Ihre geistigen Kräfte richtig und voll entfalten. Vergleichen wir das Gehirn mit einem Computer, so verfügen wir damit über eine Software, eine Ressource, deren Kapazität unser Vorstellungsvermögen überschreitet. Nicht das Volumen des Gehirns ist ausschlaggebend für die Intelligenz, sondern die Verknüpfung von Gehirnzellen. In jedem Lebensalter können diese Verknüpfungen ausgeweitet werden – dies geschieht übrigens schneller, als Zellen auf natürliche Weise absterben. Sie sehen, welch enorme Möglichkeiten in Ihnen stecken.

Es liegt nun an dem einzelnen Menschen, inwieweit er dieses Potential, seine Software, entwickelt und nutzt. Geben Sie der Intuition mehr Raum in Ihrem Leben, dann haben Sie die Möglichkeit, zukunftsweisende Entscheidungen zu treffen, kreative Gedanken und Ideen zu entwickeln und allumfassende Erkenntnisse zu gewinnen. Der Erfüllung Ihrer Wünsche steht dann nichts mehr im Wege.

Welch hohen Stellenwert die Vernunft in unserem Leben einnimmt, sehen wir am Sprachgebrauch. Wir fragen uns, ob es „vernünftig“ ist, viel Geld für einen Urlaub auszugeben, und raten einem unglücklich Verliebten, er solle „vernünftig“ sein. Kinder werden angehalten, ihre spontanen Empfindungen zu unterdrücken und sich „vernünftig“ zu benehmen. Da wir die linke Seite so sehr überbewerten, folglich überwiegend einsetzen und benutzen, liegen viele Fähigkeiten der rechten Seite brach. Wissenschaftliche Tests haben eindeutig ergeben, daß die Benutzung des Gehirns auf Gewohnheiten beruht. Durch den ständigen Einsatz unserer linken Hemisphäre bleiben die Fähigkeiten der rechten Seite förmlich „auf der Strecke“. Der überproportionale Gebrauch der linken Gehirnhälfte bewirkt, daß die rechte Seite, Sitz unseres Potentials an menschlicher Schöpfungskraft, brach liegt. Sie sehen das bestätigt, wenn Sie den Zustand unserer Welt betrachten.

Sie können jedoch lernen, auch diesen wichtigeren Bereich – wieder – zu benutzen und neu zu aktivieren. Der Mensch ist von der Schöpfung her als ein vollkommenes Wesen angelegt. Das Ungleichgewicht haben wir selbst geschaffen – es entspricht nicht dem Schöpfungsgedanken. Wenn die beiden sich ergänzenden Hemisphären wieder zusammenarbeiten, erreichen wir wieder den für uns bestimmten Zustand des höchsten Bewußtseins. Damit geht eine optimale geistige Leistung einher.

Damit Sie sich die rechte Seite überhaupt erst bewußt machen können, sollten Sie das Denken, den Verstand, abschalten und zur Ruhe kommen, sich freimachen von allem, was Sie belastet.

Sie werden – anfangs vielleicht nur ganz unmerklich – die Existenz der rechten Seite spüren. Lassen Sie sich, lassen Sie all Ihre Sinnesorgane zur Ruhe kommen, um nach innen zu lauschen. Sie werden Ihre innere Stimme hören können, die Stimme Ihres Herzens. Wenn Sie die rechte Seite, die Seite der Intuition, der Gefühle, des inneren Wissens, frei werden lassen, können Sie über die Grenzen, innerhalb derer Sie sich jetzt noch befinden, hinauswachsen.

Stellen Sie sich vor, Sie würden nur ein Bein benutzen. Was geschähe? Das geschonte Bein würde schwächer, die Muskulatur bildete sich zurück, die Gelenke würden steif. Eines Tages könnten Sie dieses Bein gar nicht mehr einsetzen. Das andere Bein hingegen wäre überlastet, die Gelenke würden sich schneller abnutzen und immer mehr schmerzen. Unsere Beweglichkeit wäre enorm eingeschränkt. Es käme uns schon deshalb gar nicht in den Sinn, nur ein Bein zu benutzen. Doch was unser Gehirn betrifft, machen wir uns keine Gedanken darüber, daß wir fast nur eine Seite benutzen, anstatt beide Seiten zusammenwirken zu lassen. Wir gönnen uns keine Denk-Pause, legen keine Ruhe-Phase für unseren Denkapparat ein, hören nicht nach innen und lassen nur die linke Seite des Gehirns unermüdlich für uns arbeiten. Damit leben wir tatsächlich sehr einseitig – schlimmer noch als auf einem Bein! Und der Streß, der im heutigen Leben zu einer immer größeren Belastung wird, ist die Folge davon.

Die linke Seite denkt analytisch in „Ja/Nein“- bzw. „Wenn …, dann …“-Mustern, während die rechte Seite ganzheitlich „denkt“ – allumfassend. Entscheidungen, getroffen von der linken Seite, machen nie ganz glücklich, denn es bleibt ja immer noch eine Möglichkeit außer acht. Solche Entscheidungen sind mit einem Gefühl des Verlustes, des Verzichts verbunden. Eine Entscheidung *für* etwas beinhaltet *gleichzeitig* eine Entscheidung *gegen* etwas. Wenn Sie sich aber einmal ganz sicher sind und nicht einer anderen Möglichkeit nachtrauern, dann haben Sie Ihre Entscheidung mit Sicherheit mit Hilfe der rechten Seite getroffen. Sie *wissen*, daß Sie auf dem richtigen Weg sind. Sie haben keine Zweifel, fühlen kein Bedauern, auf etwas verzichten zu müssen – Sie sind von tiefer Sicherheit und Zufriedenheit erfüllt. Eine solche Entscheidung war nicht die Folge intensiven Denkens, sie war einfach da: eindeutig, ohne Zweifel, ohne Wenn und Aber.

Wie aber können Sie in Zukunft die rechte Seite besser nutzen?

- Schalten Sie bewußt von links – von der Logik – um auf rechts – auf Intuition.
- Aktivieren Sie die kreativen Kräfte in Ihrem Leben.
- Lösen Sie sich bewußt vom Verstand, von der Logik, und verlassen Sie sich auf die Intuition, auf Ihr Gefühl.
- Erweitern Sie Ihr Blickfeld – nehmen Sie die Dinge holistisch wahr und reduzieren Sie das lineare Denken.

So können Sie die rechte Hemisphäre des Gehirns ganz in Ihr Leben einbeziehen.

Gezielt Energien freisetzen

Es gibt verschiedene Methoden, Energien überall dort freizusetzen, wo Sie es möchten.

Atemübung

Eine gute Möglichkeit sind Atemübungen. Aktivieren Sie damit die rechte Seite Ihres Gehirns.

Setzen Sie sich bequem hin und schließen Sie die Augen. Atmen Sie ruhig und gleichmäßig durch den geöffneten Mund.

Nun lenken Sie Ihren Atem ganz bewußt nach rechts. Stellen Sie sich dabei vor, wie all Ihre kreativen, emotionalen Fähigkeiten mit Sauerstoff, mit Energie versorgt werden. Fühlen Sie, wie Sie erfüllt werden mit Energie, wie sich Ihr Bewußtsein weitet! Was verändert sich in Ihnen? Lassen Sie sich Zeit zum Nachfühlen. Dann atmen Sie wieder ganz normal.

Und nun aktivieren Sie die linke Seite. Atmen Sie bewußt nach links ein – in den rationalen Bereich Ihres Gehirns. Auch hier fühlen Sie, wie Ihr Verstand, Ihr Intellekt, Ihr Ordnungssinn mit Energie angereichert werden.

Spüren Sie nach, was sich in Ihnen verändert!

Und nun atmen Sie ganz bewußt in Richtung beider Seiten des Gehirns. Atmen Sie ruhig, sehen Sie vor Ihrem geistigen Auge, wie beide Hemisphären aktiviert werden. Können Sie dabei eine Veränderung bemerken? Fühlen Sie, wie Sie zu einer umfassenden Einsicht gelangen, wie Ihr Bewußtsein sich erweitert? Spüren Sie Harmonie und Stärke?

Sie können die Wirkung noch verstärken, wenn Sie durch das jeweilige Nasenloch atmen. Machen Sie jeden Atemzug ganz bewußt. Die Atemlenkung geschieht nur durch Ihr Bewußtsein. Sie brauchen sich dazu nicht die Nase zuzuhalten.

Wenn Sie diese Übung langsam und sehr bewußt machen, werden Sie eine deutliche Veränderung wahrnehmen können. Lassen Sie sich Zeit, fühlen Sie in sich hinein, achten Sie darauf, was geschieht. Spüren Sie dem nach, achten Sie auf Ihre Gefühle und auf alle Veränderungen, die geschehen.

Auf diese Art können Sie jederzeit Ihre rechte Seite gezielt einschalten, aktivieren und für Sie wirken lassen. Den optimalen Erfolg erreichen Sie, wenn beide Hälften zusammenwirken.

Chakra-Übung: Das Kronen-Chakra öffnen

Eine andere Möglichkeit, Energien frei strömen zu lassen, ist die Arbeit mit den Chakren. Die Chakra-Lehre ist ein uraltes Wissen, deren Ziel es ist, den Menschen die Ganzheit seiner selbst bewußt werden zu lassen. Chakra kommt aus dem Sanskrit und bedeutet „Rad“ oder „Kraft-Wirbel“. Es gibt sieben solche Kraftwirbel, Stellen erhöhter Energie, die sich an bestimmten Stellen im Körper befinden. Sie wirken sowohl körperlich wie auch geistig-seelisch. Unsere Übung befaßt sich mit dem Kronen-Chakra (oder Scheitel-Chakra), das in der Mitte der Schädeldecke sitzt. Es steht in unmittelbarer Verbindung mit den umfassenden Erkenntnissen über die geistig-seelischen Vorgänge im Menschen. Dieses Chakra wird auch „Tausendblütiger Lotus“ genannt, weil die Lotusblüte sich über dem verschmutzten Wasser erhebt, nach oben strebt und somit als Sinnbild für Reinheit gilt, aber auch als Symbol für die Öffnung zum Allbewußtsein.

Stellen Sie sich bildhaft Ihren Schädel als ein Observatorium vor. Das Observatorium bzw. Ihre Schädeldecke öffnet sich in der Mitte. Spüren Sie, wie das Allbewußtsein in Sie hineinströmt? Nun können Sie eins mit dem Allbewußtsein werden. Sie verschmelzen mit dem Allbewußtsein. Spüren Sie dem nach. Lauschen Sie nach innen. Wie fühlen Sie sich?

Sind Sie wirklich ganz eins mit dem Allbewußtsein? Fühlen Sie tiefe Ruhe in sich aufsteigen? Spüren Sie, wie Sie zunehmend mit Energie erfüllt werden? Lassen Sie es geschehen, lassen Sie einfach nur das Kronen-Chakra geöffnet – unendlicher geistiger Reichtum eröffnet sich Ihnen. Dieses Gefühl – in Worten nicht zu beschreiben – erfüllt Sie mehr und mehr, wirkt auf Ihr Denken und Handeln. Über diesen Weg können Ideen, Hilfen, Gedankenblitze, Erleuchtung ein-fallen.

Wenn Sie bereit dafür sind, dann lassen Sie Ihr Kronen-Chakra offen. Das läßt Sie in ständigem Kontakt mit dem Allbewußtsein bleiben, macht Sie offen für den göttlichen Funken.

Durch die Öffnung und Harmonisierung des Kronen-Chakras entwickelt sich Intuition. Frei werden für die Intuition bedeutet, plötzliche Eingebungen zu haben, mit dem „geistigen Auge“ zu sehen, auf die „innere Stimme“ zu hören oder auch einen Einfall aus einem höheren Informationsfeld zu haben. Das Kronen-Chakra öffnet sich für das Allbewußtsein.

Die drei Ebenen des Bewußtseins

Die drei Kräfte des Menschen und deren Zusammenspiel machen die Qualität seiner Existenz, seines Lebens aus. Es ist deshalb wichtig, sich dieser Kräfte bewußt zu sein.

Das Tages-Bewußtsein – verantwortlich für das Denken

- Gedanken gestalten die Wirklichkeit.
- Durch Gedanken wird die schöpferische Urkraft frei.
- Konzentrierte Gedanken wirken wie ein Laserstrahl.
- Die Harmonie der Gedanken bestimmt die Gesundheit.

- Die dominierenden Gedanken bestimmen das Schicksal.
- Durch Gedankendisziplin lassen sich alle Umstände, ja das gesamte Leben, bestimmen.

Das Unterbewußtsein – zuständig für das Fühlen

- Innere Programme bestimmen das unbewußte Tun.
- Durch „Um-Erleben“ können unerwünschte Programme durch erwünschte ausgetauscht werden.
- Wer das Unterbewußtsein zum Freund gewinnt, kann die unbewußten Energien, die Gefühle, zu seinen Gunsten einsetzen.
- Mit Hilfe des Unterbewußtseins wachsen Freude, Optimismus, Vertrauen, Sicherheit und Glück.

Das Überbewußtsein – führt zum Wollen

- Mit dem Überbewußtsein als universellem Ratgeber können optimale Entscheidungen getroffen werden.
- Erkenntnis der Vollkommenheit des wahren Selbst als individualisierter Teil des einen Bewußtseins.
- Über die Intuition kann Kontakt zum „inneren Meister“ aufgenommen werden, der Sie in jeder Situation sicher führt und leitet.

Der Glaube

Der Glaube versetzt Berge – so heißt es nicht umsonst. Sicher können Sie bedenkenlos zustimmen, wenn ich sage, daß der Glaube eine starke Kraft ist. Obwohl „Glauben“ gleichzusetzen ist mit „nicht wissen“: Sie glauben einem Menschen und denken, daß er die Wahrheit spricht. Sie glauben an den guten Ausgang einer kritischen Situation. Sie sind von diesem und jenem überzeugt, ohne jedoch Beweise für Ihren Glauben liefern zu können. Leicht fällt das nicht, denn wir haben ja gelernt, eher auf das Wissen zu bauen und auf das zu vertrauen, was wir sehen und beweisen können, als auf den – nicht beweisbaren –

Glauben zu setzen. Der Glaube führt uns zurück zu der eigenen göttlichen Natur des Menschen. In der Bibel heißt es: „Dir geschehe nach Deinem Glauben." Daß dieses geistige Gesetz seine Richtigkeit hat, sehen Sie, wenn Sie die letzten zwölf Monate Ihres Lebens einmal genau betrachten:

- In welchen Situationen haben Sie geglaubt?
- In welchen Situationen haben Sie gewußt?
- In welcher Situation haben Sie geglaubt zu wissen?
- Und wie sieht das Resultat Ihrer Rückblende aus?

Obwohl wir uns das nicht so gern eingestehen, weil es nicht unserer Vorstellung von der Realität entspricht, geschieht viel weniger nach unserem Wissen oder nach unserem Wollen. Das meiste geschieht nach unserem Glauben. Das liegt daran, daß die geistige Kraft des Glaubens uns mit der Kraft des Universums verbindet – und dann ist nichts mehr unmöglich.

Wissen stellt Tatsachen fest,
Glauben schafft Tatsachen.

Ich brauche nicht mehr zu glauben, wenn ich weiß, wenn mir Beweise vorliegen. Dann habe ich Fakten – der Glaube ist nicht mehr nötig. Glauben ist ein „inneres gewisses (sicheres) Wissen", das nicht auf äußeren Beweisen beruht. Glauben ist das tiefe innere Erkennen der Wahrheit und der Wirklichkeit.

Wahrer Glaube als solcher ist wertneutral. Sie entscheiden, was Sie glauben. Ob Sie an einen guten Ausgang eines Prozesses oder an eine Verurteilung glauben. Es wird das zur Realität, was Sie glauben, wovon Sie innerlich fest überzeugt sind. Der Glaube kann gegen oder für Sie arbeiten – das liegt ganz an Ihnen.

Ein gutes Beispiel gibt Paracelsus (16. Jahrhundert): „Die Vorstellung ist die Ursache vieler Krankheiten, der Glaube aber ist die Heilung *aller* Krankheiten."

Und das gilt nicht nur für physische Erkrankungen. Heilender Glaube sieht nicht mehr den äußeren Schein, sondern erkennt das innere Sein und verursacht, daß der heilende Glaube sich nach außen manifestiert – als Heilung.

Das Wissen

Es gibt verschiedene Arten, sich Wissen anzueignen. Entscheidend für Sie ist es, welchem Wissen Sie in Ihrem Leben welchen Stellenwert geben.

Wissen durch persönliche Erfahrung = Ich-Teil

Das ist das persönliche Wissen, das jeder sich erwirbt. Wissen, wie man Knöpfe zuknöpft, Wäsche bügelt, Briefe schreibt …

Wissen durch Nachdenken = Wir-Teil

Erlerntes Wissen durch Schule und Studium, z.B. Daten und Fakten, Zeit, Sprache. Der Verstand hilft, sich mit anderen zu verständigen. Die Logik bestimmt. Das Nachdenken ist linear auf einen Punkt ausgerichtet.

Wissen durch Intuition = Selbst-Erfahrung

Weder Erfahrung, noch Erinnerung, noch Nachdenken vermitteln dieses Wissen. Es ist nicht an Personen gebunden. Es ist schon vorhandenes Wissen, das nicht der Logik, sondern der Wirklichkeit unterliegt. Dieses Wissen ist sichtbar für die „Augen der Seele", Darstellung einer „inneren Schau der Wirklichkeit" und Intuition.

Intuition ist Kommunikation mit dem Selbst, die Wahrnehmung ist unabhängig von Raum und Zeit und geschieht holistisch. Intuition ist immer gut, hilfreich und heilsam.

Warum verfügen nur so wenige Menschen über das Wissen von der Intuition? Es ist verschüttet, weil

- sie nicht daran glauben;
- sie es nicht hoch genug einschätzen;
- der Verstand sich einschaltet;
- das Bewußtsein nicht darauf gerichtet wird.

Wie kann dieser Zustand geändert werden? Wir sollten lernen zu „intuitieren", d.h.:

- Energie zu lesen;
- Energie zu fühlen;
- Energie zu hören;
- Kreativität freizusetzen;
- intuitive Kreativität auszuleben.

Intuition kann sich auch nicht dort entfalten, wo es nur darum geht, recht zu haben, alles besser zu wissen. Intuitive, kreative Menschen können gut damit leben, daß sie nicht alles wissen, nicht alles verstehen. Geben Sie Ihrer Intuition die Chance der Entwicklung, indem Sie geschehen lassen und nicht durch falsch verstandenen Wissensdurst einen zündenden Funken, einen Einfall, eine neue Idee von vornherein abwürgen. Vertrauen Sie mehr auf Ihr inneres als auf Ihr verstandesmäßiges Wissen.

Aus: Kurt Tepperwein: Super-Intuition (mvgVerlag, ISBN 3-478-71810-4)

Mein Herzenswunsch

Kennen Sie eigentlich Ihren Herzenswunsch? Es gibt nach meiner Erfahrung drei Grundbedürfnisse, die bei allen ziemlich gleich sind:

Jeder Mensch braucht Liebe,
jeder Mensch will gesund sein, und
jeder Mensch möchte ohne Ängste leben.

Daß jeder von uns spezielle Wünsche hat, wie ein Haus mit zwei Badezimmern, eine Traumfrau mit echt rotem Haar, die super kocht, oder daß Sie endlich auf dem Sessel des Chefs landen wollen, ist in Ordnung. Nur, ob die Erfüllung dieses Wunsches für Sie dann so wunderbar ist, das sollten Sie sich gut überlegen: Zwei Badezimmer machen mehr Arbeit beim Putzen. Die Traumfrau ist vielleicht ein paar Jahre eine Augenweide, von ihrer tollen Küche werden Sie jedoch immer dicker, und eines Tages ist die Verliebtheit vorbei. Dann fällt Ihnen auf: Sie haben die roten Haare und die gute Köchin geheiratet und suchen nun vergeblich nach Herzenswärme und inniger Verbundenheit. Sollten Sie endlich den Chefsessel erobert haben – so ruhig und angenehm, wie Sie vielleicht glaubten, sitzt man dort nicht.

Ich hatte ein erfolgreiches, aber kräfteraubendes Leben als Unternehmerin. Ich bezog Prügel vom Leben und fühlte mich oft unverstanden oder ungerecht behandelt. Durch falschen Ehrgeiz arbeitete ich mich krank.

Mein Selbstwertgefühl war trotz sichtbarer Erfolge unterentwickelt, und ich wollte mir und meiner Umgebung beweisen, daß ich „gut" bin. Ich setzte mich also unter Druck und empfand Streß nur mehr negativ. Als ich materiell zwar viel erreicht hatte, aber seelisch an einem Tiefpunkt angelangt war, zwang mich das Schicksal zu einer Ruhepause. Ich bekam einen Bandscheibenvorfall. Eine „höhere Intelligenz“ zwang mich zur Ruhe und konfrontierte mich mit meiner bisherigen Lebensweise. Ich bekam Zeit, mir mein Leben anzuschauen. Mit meinem heutigen Wissen bin ich dem Leben für die Botschaft dankbar, denn als ich sie verstand, begann ich endlich, „mich selbst“ zu entdecken. Ich begann zu begreifen, daß ich schon planen konnte und doch letztendlich zusehen mußte, wie meine verstandesmäßigen Vorstellungen über den Haufen geworfen wurden.

Das ist jetzt viele Jahre her, und ich habe mich, Schritt für Schritt, geändert. Ich las viel, dachte über mich, meine Mitmenschen und meine Umwelt nach und lernte, nicht mehr anderen die Schuld an meinen Problemen zu geben. Ich hielt Innenschau und wurde weniger wehleidig. Es war nicht einfach und mühelos, und ich mußte immer wieder Rückschläge einstecken und machte neue Fehler. Aber ich habe mein Ziel erreicht und meinen Weg gefunden.

Er muß für Sie nicht der richtige sein. Für mich war er es, und ich gewinne durch meine Erfahrung mit hilfesuchenden Menschen die Überzeugung, daß er für viele begehbar ist.

Was ich Ihnen rate zu lernen

Während dieser Zeit lernte ich, Liebe zu geben und – keinesfalls als Selbstverständlichkeit – dankbar anzunehmen und meinen Körper durch ein vernünftiges Leben und innere Gelassenheit gesunden zu lassen. Alle Arbeit, die ich zu tun hatte, empfand ich nicht mehr als minderwertig oder unter meiner Würde. ich machte nichts mehr mit Widerwillen, Ungeduld oder gegen meine innere Stimme und wußte stets, daß ich dazulerne. So hatte ich viel Freude und Spaß an meiner geschäftlichen Tätigkeit und genoß die Annehmlichkeiten des Erfolges.

Da ich in meinen verschiedenen Berufen immer mit sehr vielen Menschen zu tun hatte, eine gute Beobachterin war und daraus lernte, wurde mir nach jedem „Schicksalsschlag" klarer, daß ich allen Mist in meinem Leben selbst gebaut hatte. Mit der Zeit kapierte ich, daß tatsächlich nur ich in der Lage war, das auch wieder zu ändern.

Nachdem ich viele Jahre durch Lernprozesse gegangen bin – Schlaflosigkeit, ein lahmes Bein nach dem Bandscheibenvorfall, Probleme mit meinen Mitarbeitern, Leid und Elend mit den Menschen, die ich am meisten liebte –, erkannte ich endlich meinen wahren Herzenswunsch, der so schlicht klingt, nicht so ohne weiteres zu erreichen ist und doch die Voraussetzung für Harmonie von Körper, Geist und Seele ist:

Ich wollte innere liebevolle Gelassenheit –
egal, was kommt.

Mein wichtigster Wunsch erfüllte sich: Er ist ein wunderbares Geschenk des Allmächtigen und eine Belohnung für meine „geistige Arbeit". Ich möchte ihn jedem meiner Mitmenschen empfehlen.

Wenn Sie in sich das unumstößliche Bewußtsein tragen:

Mein innerer Friede
und meine liebevolle Gelassenheit
können mir durch niemanden und nichts
genommen werden!

dann stehen Sie jederzeit alles durch. Sie erkennen „Probleme" als „Lernprozesse" und erreichen das in Ihrem Leben, was für Sie gut und wichtig ist. Sie werden einer der Menschen sein, der mit glücklichem Gesicht durch die Straßen geht. Sie sind heiter und gelassen!

Für mich ist es wichtig, Ihnen diesen Weg aufzuzeigen. Sie bekommen in diesem Buch die Hauptstraßen beschrieben und können sich die verwirrenden Abzweigungen sparen.

Liebevolle Gelassenheit während des Tages

Stimmt Ihr Wunsch mit meinem überein, dann gehen wir daran, „liebevolle Gelassenheit während des Tages“ zu erlernen. Wollen Sie wissen, warum liebevoll?

Weil Sie als wichtige Lektion lernen, sich selbst zu mögen, und sofort aufhören werden, sich für unmöglich, dumm, häßlich erfolglos und sowieso in jeder Hinsicht für einen Versager zu halten. Sie dichten sich diese Eigenschaften an – Sie sind nicht so!

Wenn Sie jeden Tag nach dem Aufstehen in den Spiegel schauen und halblaut murmeln: „Mein Gott, ich schaue grauenvoll aus“, dann leisten Sie tolle Mentalarbeit (Gedankenarbeit) – nur in die falsche Richtung!

Das heißt, Sie beginnen Ihren Tag damit, daß Sie wach werden und sich sagen: Okay, ich stehe zwar noch nicht gerne auf (vielleicht tun Sie es gerne – um so besser), doch ich habe heute einen guten Tag vor mir, an dem ich alles, was ich tue, nach folgendem Prinzip erledigen:

Qualität ist: gewöhnliche Arbeit
ungewöhnlich gut zu machen.

Ich weiß, daß Sie hundertmal an diesem ersten Tag in Ihr altes Fahrwasser kommen, aber Sie werden sich während des Tages einige Male an das Qualitätsprinzip erinnern.

Schreiben Sie sich diesen Satz auf! Kleben Sie ihn dort hin, wo Sie ihn immer wieder sehen müssen, und Sie werden danach zu handeln beginnen. Die Qualität Ihrer Arbeit wird unweigerlich besser, Sie werden unweigerlich selbstbewußter, Sie werden unweigerlich mehr Anerkennung durch Kollegen und Vorgesetzte erfahren, und Sie werden sich unweigerlich insgesamt besser fühlen.

Ein neuer Morgen

Wir kommen zum Morgenritual: Sie gehen ins Badezimmer. Schauen Sie ruhig kritisch in den Spiegel! Sagen Sie, ab heute, statt: „Ach Gott, ich kann mich selbst nicht leiden", zu sich:

Mein Äußeres ist wandelbar,
weil ich mich jetzt innerlich verändere.
Ich bin eine attraktive Frau.
Ich habe Ausstrahlung.

Sie können auch ganz schlicht sagen: „Ich mag mich, weil ich ein wunderbarer Mensch bin und von Tag zu Tag noch erfolgreicher, attraktiver, liebevoller, gescheiter und vitaler werde!" Oder:

Meine Erscheinung ist wandelbar,
weil ich mich jetzt innerlich und äußerlich verändere.
Ich bin ein interessanter Mann.
Ich bin sympathisch und erfolgreich.

Sagen Sie Ihrem Spiegelbild, wie Sie gerne wären. Seien Sie nicht bescheiden, denn Sie können wirklich alles aus sich machen. Sie können aus sich „Ihre Traumfrau" oder „Ihren Traummann" machen.

Natürlich werden Sie mit siebzig Jahren nicht wieder zum flotten Dreißiger und mit einer Anlage zur Molligkeit nicht hauchdünn. Aber das sollen Sie auch nicht!

Sie sollen „Sie selbst bleiben“ und das Beste aus sich machen.

Ihr Bestes ist:
Ihr wahres Selbst entdecken
und dadurch Ihre vielen guten Eigenschaften
zum Leben erwecken.

Wenn Sie, in der geforderten Weise, liebevoll mit Ihrem Spiegelbild verfahren sind (auch wenn Ihnen anfangs nicht immer danach ist, tun Sie es trotzdem), gehen Sie zum Frühstück, das Sie sich selbst machen oder das auf Sie wartet. Macht es Ihr Partner für Sie, unterlassen Sie ab heute Ihren Unmut, falls Sie sich wieder einmal den Mund am zu heißen Kaffee verbrannt haben. Sie können vorher kosten – Sie sind alt genug, um daran zu denken. Kein Mensch hat das Recht, seinen Frust – der auf seinem eigenen Mist gewachsen ist – auf einen anderen abzuladen. Auch Sie nicht – also tun Sie es nie wieder. Wenn doch, entschuldigen Sie sich! So gewöhnen Sie sich Rücksichtnahme an. Dieses Verhalten prägt immer besser Ihr Unterbewußtsein, und schön langsam wird Ihre Umgebung Sie als angenehmen Mitmenschen empfinden.

Wenn Ihr Partner seinen Ärger bei Ihnen abladen möchte, sagen Sie ihm ruhig, aber bestimmt: „Deine schlechte Laune ist das Ergebnis deiner Gedanken und deiner Sichtweise. Ich helfe dir gerne, wenn ich kann und du es möchtest. Aber suche die Schuld dafür nicht bei mir.“

Seien Sie liebevoll, aber so konsequent wie zu sich selbst.

Der zwischenmenschliche Widerhall

Falls Sie Generaldirektor sind, wird Sie Ihr Chauffeur mit dem Wagen abholen. Ansonsten werden Sie mit öffentlichen Verkehrsmitteln, mit Ihrem eigenen Auto oder dem Rad zur Arbeit fahren – oder Sie gehen zu Fuß. Es ist egal, denn nun treffen Sie auf jeden Fall mit anderen Menschen zusammen. Ein Sprichwort sagt: Wie man in den Wald hineinruft, so schallt es heraus! Halten Sie sich daran.

Sie sollten weder Ihrem Chauffeur, noch dem Schaffner, noch dem Menschen, der neben Ihnen in der Straßenbahn sitzt, auch nicht dem Fahrer des Wagens, der an der Kreuzung neben Ihnen zum Stehen kommt, unhöflich begegnen oder ihn anschreien – schon gar nicht wegen einer Kleinigkeit. Selbst wenn der Autofahrer hinter Ihnen auf Sie auffährt und Ihr neues Auto beschädigt, bleiben Sie ruhig! Wer gelassen und ruhig bleibt, ist immer in der besseren Position und schont seine Nerven. Die schlimmste Situation wurde noch nie durch Brüllerei besser.

Ich führte während meines Lebens viele heikle geschäftliche Verhandlungen. Oft war meine Meinung das genaue Gegenteil meines Gegenübers. Früher regte ich mich auf, verschwitzte meine Blusen und schuf mir oft Feinde.

Später lernte ich, ruhig zu bleiben, die Meinung des anderen anzuhören und dann meine Darstellung abzugeben. Es wurde bekannt, daß man mit mir gut reden konnte, und ich erreichte bessere Ergebnisse als vorher. Meine Nerven und meine Kleidung schonte ich auch.

Lächeln und Freundlichkeit

Es wird oft gepredigt und geschrieben, man solle alle Menschen lieben. So weit bin ich einfach nicht, und ich denke, ich werde es auch in diesem Leben nicht schaffen. Was ich aber gelernt habe, ist, einen Menschen nicht sofort zu bewerten, sondern ihn zuerst kennenzulernen. Auch wenn mir dies oder das an ihm nicht paßt, nehme ich ihn, wie er ist. Ich bin ebenfalls nicht ohne Fehler und recht froh, wenn man mich dies nicht zu offen spüren läßt. Prägen Sie sich ein:

Ein freundliches Wort und ein Lächeln
entwaffnen selbst deine Feinde.

Helfen – wie und wann?

Seien Sie hilfsbereit, aber drängen Sie Ihre Hilfe nicht auf. Ich wollte früher jedem Menschen – in bester Absicht – helfen. Ich missionierte so lange, bis mir die Leute aus dem Weg gingen, weil nicht alles, was für mich gut war, auch für sie in Frage kam. Das war die Zeit, wo ich mich oft zurückgewiesen und verkannt fühlte. Ich verpulverte sinnlos meine Energien und kam abends müde nach Hause.

Als ich krank wurde und zu einer Zeit im Spital liegen mußte, als mein Betrieb gerade total umgebaut wurde, erkannte ich: Ich bin nicht unersetzlich, und ohne meinen persönlichen Einsatz kommt auch etwas Gescheites heraus.

Geben Sie Ihren Arbeitskollegen, Mitarbeitern oder Angestellten das Gefühl, daß Sie hilfsbereit sind, und wenn jemand Ihre Hilfe braucht, dann prüfen Sie, ob Sie helfen können. Trauen Sie sich zu, die richtige Hilfe zu leisten, helfen Sie. Fühlen Sie sich überfordert, sagen Sie es mit liebevollen Worten und lassen Sie die Finger davon. Sie können ruhig sagen: „Ich kann das nicht, weil ich davon zu wenig verstehe“ oder: „Ich bin derzeit selbst in einer Situation, in der ich Hilfe brauche“. Niemand wird Ihnen böse sein, wenn Sie so reagieren – es kommt wieder eine Situation, wo Sie bestimmt helfen können.

Es gibt nichts, was Sie mehr zum „Mitmenschen“ macht, als für das Leid, die Angst oder den Kummer anderer Gespür zu zeigen und ein offenes Herz zu haben. Denn wenn Sie helfen, sollten

Sie das nicht „halbherzig“ tun, sondern sich überlegen, welche Art von Hilfe in diesem Fall angebracht ist. Das richtige Wort – zur rechten Zeit – kann lebensrettend sein.

Wir alle machen Fehler

Wenn man arbeitet, macht man Fehler. Mir ist noch niemand untergekommen, der keine macht. Es ist ein Fehler, statt Salz Zucker in die Suppe zu geben, und es ist ein Fehler, eine Buchung auf die falsche Seite zu machen. Es ist ein riesiger Fehler, sich ausnützen oder für dumm verkaufen zu lassen. Der größte Fehler ist es aber, zu seinen Fehlern nicht zu stehen – oder diese gar auf andere abzuwälzen. Nehmen Sie in Ihr Bewußtsein die Einsicht auf:

Das Eingeständnis von Fehlern gehört zu einer
starken Persönlichkeit.

Gelassenheit bei der Arbeit

Wenn ich von der „inneren liebevollen Gelassenheit“ am Arbeitsplatz spreche, so gilt das natürlich auch für Sie, die oder der Sie Hausfrau/mann und zumeist noch hauptverantwortlich für die Erziehung der Kinder sind.

Ich weiß, daß das Führen eines Haushaltes eine undankbare Sache ist, denn man wäscht, putzt, kocht, dann kommen die Kinder und der Mann nach Hause, rufen „Hunger!“ und essen. Danach regiert in der schön aufgeräumten Wohnung wieder das Chaos.

Wenn alle Familienmitglieder zu Hause sind, liegen zig Kleidungsstücke und Schuhe herum, der Boden ist wieder voller Brösel, und Sie können von vorne beginnen mit dem Waschen, Putzen … usw.

Wenn Sie halb zusammenbrechen und Ihre Familie erstaunt sagt: „Wieso bist du so gestreßt, du bist den ganzen Tag zu Hause“, dann bricht die eine Hälfte der Betroffenen in Tränen aus und die andere schreit los. Der Mann und die Kinder sind verstört, verstehen Sie eigentlich nicht. Sie selbst sind unglücklich und fühlen sich unverstanden, und den Rest vom Tag oder Abend kann man Vergessen.

Kommt noch dazu, daß der Sohn dem Vater abends seine verpatzte Schularbeit zur Unterschrift vorlegen muß, und Ihr Mann sagt: „Deine Lernerei mit dem Hansi war für die Katz“, obwohl Sie sich jeden Tag mit dem Buben blödrechneten. An so einem Tag haben Sie sicher oft sehnsüchtig an ein „Singledasein“ gedacht. Doch glauben Sie mir, der beneidete „Single“ hat, an einem einsamen Sonntag, wenn er im Bett bleibt, nur damit der Tag nicht so lange dauert, genauso oft sehnsüchtig an eine Familie mit drei Kindern gedacht, in der es so zugeht, daß der Mutter zwölf Stunden wie zwei Stunden vorkommen.

Es kommt auf Ihren Standpunkt an

Für die Hausfrau gilt, meiner Meinung nach, das gleiche Prinzip wie beispielsweise für einen Schuldirektor:

Jede Arbeit, auch gewöhnliche,
ungewöhnlich gut machen!

Das heißt, planen Sie Ihren Tag – mit einem Stundenplan. Delegieren Sie Arbeiten, und erziehen Sie Ihre Familienmitglieder dazu, gewisse Dinge selbst zu erledigen und nicht Sie als selbstverständlichen „Servicedienst“ für alle Belange zu betrachten.

Lernen Sie, zu begreifen, daß Ihre Arbeit genauso wertvoll und manchmal genauso eintönig ist wie die eines Bankdirektors oder einer Politikerin. Wenn die zwei nicht planen und Arbeit richtig delegieren können, dann sind diese Menschen genauso frustriert und überfordert wie Sie.

Auch für mich gab es eine Zeit, während der ich ein kleines Kind, einen Mann und zwei Betriebe hatte. Ich zerriß mich, weil ich glaubte, „so gut wie ich kann es kein anderer“. Ich schrieb abends noch Briefe, die meine Angestellten geschrieben hatten und mit deren Form ich nicht einverstanden war, heimlich um. Am liebsten hätte ich noch die Briefmarken selbst abgeschleckt und aufgeklebt, damit sie schön genau auf dem Kuvert saßen.

Ich war damals nicht in der Lage, ruhig und gelassen zu einer Angestellten zu sagen: „Jeder Brief ist eine Visitenkarte unserer Firma. Sie wissen, wie sehr ich Ihren netten Umgang mit unseren Kunden schätze, aber bei der Korrespondenz hapert es. Ich hätte ‚das und das‘ gerne ‚so und so‘. Doch ich bin sicher, Ihr nächster Brief schaut schon ganz anders aus.“

Ich ärgerte mich: 1. über den schlampigen Brief, 2. über meine eigene Feiheit und 3. über meine viele Arbeit – und besser wurde dabei gar nichts.

Ich hörte nicht auf meine Familie, die oft sagte: „Du kannst nicht alles alleine machen. Du bist sehr tüchtig, aber organisieren und delegieren kannst du nicht.“ Ich wollte nicht hören, darum habe ich eine harte Lektion lernen müssen.

Wenn ich mich ins Bett legte, ging es erst richtig los: alle meine unfertigen Arbeiten, meine finanziellen Probleme, meine Unannehmlichkeiten mit Geschäftspartnern, Mitarbeitern, die Schulprobleme meines Sohnes, die Gesundheitsprobleme meines Mannes, meine vermeintlichen Unzulänglichkeiten und meine Überlastung … Es gab Stoff für mein Gehirn von 23 Uhr nachts bis 6 Uhr früh. Dann stand ich auf, völlig fertig, bekam einen

Schweißausbruch nach dem anderen und hatte wieder eine schlaflose Nacht hinter mir. Jede Woche gönnte ich mir zwei Nächte mit Schlaftabletten – zum Durchhalten. Daß ich diesen idiotischen Raubbau viele Jahre durchhielt, kann nur auf mein an und für sich robustes Naturell zurückzuführen sein. Auch Schlafkuren halfen mir nicht lange, denn wenn sich mein Körper ein wenig regeneriert hatte, trieb ich mein unseliges Spiel weiter.

Verhalten Sie sich auch so? Beachten Sie die Zeichen, die der liebe Gott Ihnen schickt, wie Kreuzschmerzen, Kopfweh, Schlaflosigkeit, hie und da eine kleine Grippe (um nur die gängisten Unpäßlichkeiten zu nennen), ebenfalls nicht, weil Sie keine Zeit dazu haben, innezuhalten und über Ihr Leben nachzudenken? Einmal „in die Stille zu gehen"?

Still zu werden ist eines der ganz wichtigen Dinge, die Sie lernen können, um Ihrem Leben eine andere Qualität zu geben.

Was Ihr Arbeitsplatz sein kann

An Ihrem Arbeitsplatz verbringen Sie einen Großteil Ihres Lebens (das hoffe ich zumindest für Sie, denn keinen Arbeitsplatz zu haben, ist sehr schlimm). Das ist der Ort, wo Sie sich krankarbeiten können, wo Sie sich vielleicht überfordert fühlen, fehl am Platz sind, wo Ihre Fähigkeiten zu gering geschätzt werden, wo auf jeden Fall ein Tummelplatz geistig und körperlich krankmachender Faktoren ist – aber das muß keinesfalls so sein.

Ob Ihre Arbeitsstätte eine Bank, eine Fabrik, ein Großbetrieb oder der Haushalt ist, ob Ihr Sessel in einem Ministerium steht oder ob Sie Chef, Angestellter, Arbeiter, Hausfrau oder Handwerker sind – versuchen Sie es, probeweise:

Arbeiten Sie einen Tag nach dem Qualitätsprinzip!

Machen Sie jede Arbeit ohne Hektik und ohne Widerwillen. Sehen Sie in Ihrer Arbeit, die Sie derzeit machen, den Nutzen, den sie bringt, und arbeiten Sie daher mit voller Konzentration und ungewöhnlich gut.

Wie ist Ihre Einstellung zu Ihrer Arbeit?

Wenn Sie, ohne zu überlegen, jetzt meinen: „Bin ich wahnsinnig, ich mache doch dadurch meinen Chef nur noch reicher und mich noch kaputter!“, dann lesen Sie den vorigen Absatz so lange durch, bis Sie erkennen, daß Sie sich mit Ihrer Einstellung – gestatten Sie mir den Ausdruck – einen Scheiß-Arbeitsplatz geschaffen haben. Ihr Chef oder das Unternehmen, in dem Sie beschäftigt sind, sind durch Sie bestimmt nicht zu Reichtum gekommen. Es besteht jedoch die Möglichkeit, daß Sie durch diese Einstellung um Ihren Arbeitsplatz kommen.

Ich bemühte mich um meine Mitarbeiter, die mir unentbehrlich waren, immer sehr, weil ich sie als wichtige Stütze schätzte. Wenn ich jedoch merkte, da sitzt jemand, der einfach nicht mag, dem ich und meine Kunden das „Angefressensein“ ganz deutlich vom Gesicht ablesen konnten, dann führte ich mit demjenigen ein Gespräch. Ich erzählte ihm, wie ich seine Arbeit gerne hätte. Er oder sie verrieten mir oft Gründe für seinen/ihren Seelenzustand, die zutiefst menschlich waren, wo sich mein Herz vor Mitleid zusammenzog, und ich verstand, warum die Arbeitsleistung nicht in Ordnung war. Wir haben dann gemeinsam einen Plan entwickelt, wie dieser Mitarbeiter seine „Pflichten“ zu „Erfüllungen“ umwandeln konnte, und ich versuchte, ihm bei seinen Sorgen zu helfen. Dafür bemühte er sich, besser oder konzentrierter zu arbeiten. Daß von einem Tag auf den anderen ein Wunder geschah, erwartete ich nie. Dabei beobachtete ich oft, wie sich ein Mensch durch die Einstellung zu seiner Arbeit in seinem ganzen Wesen änderte, wie gut die Qualität seiner

Leistung wurde und wie stolz er darauf war. Deshalb plagte er sich nicht mehr, und ich fühlte mich nie als Sklaventreiber.

Im Lauf meiner geschäftlichen Tätigkeit hatte ich sehr viele Mitarbeiter. Ich freue mich sehr, wenn ich heute einen treffe. Werde ich dann noch als „Chefin“ angesprochen, entgegne ich: „Ich bin doch jetzt keine Chefin mehr für dich oder Sie.“ Natürlich ist es schön, wenn ich zur Antwort bekomme: „So einen Boß hatte ich nie mehr, daher bleiben Sie immer ‚die Chefin‘ für mich.“ Das ist wohl die Bestätigung, daß ich mit Mitarbeitern richtig umzugehen lernte. Ich empfand sie als meine „Stützen“, die mit mir gemeinsam etwas schafften. Wenn jedoch ein Mitarbeiter seine Gangart bzw. seine Einstellung nicht ändern wollte oder konnte, sei es, weil er tatsächlich am falschen Platz eingesetzt oder einfach uninteressiert war, trennten wir uns.

Ich habe gelernt, meinen Angestellten sehr viel Verantwortung zu übertragen, und fast jeder wuchs mit der Aufgabe. Ich war auf meine Mitarbeiter stolz, und ich glaube, sie waren es auch auf mich.

Als ich an mir zu arbeiten begann, wurden meine Arbeitstage sehr schön und harmonisch – sie wurden zu einer Zeit, die ich nicht missen möchte und während der keiner meiner Mitarbeiter unglücklich an seinem Arbeitsplatz war. Meine zum Großteil langjährigen Mitarbeiterinnen und Mitarbeiter lehrten mich viel. Beruflich und privat. Ich bin Ihnen dankbar. Es gibt nichts Besseres für einen Betrieb als Teamgeist, der von gegenseitigem Respekt und Verständnis geprägt ist. Ich glaube, das ist ein Geheimnis erfolgreicher Unternehmen.

Vielleicht verstehen Sie jetzt den Sinn des Wortes
Arbeitsqualität.

Überdies können Sie nur auf eine Verbesserung Ihrer Stellung und Ihrer Bezahlung hoffen, wenn Sie selbst besser werden. Probieren Sie doch einen Qualitätsmonat aus.

Egal, was Sie zu tun haben –
machen Sie Ihre Arbeit ungewöhnlich gut
und seien Sie zu Ihren Kollegen, Mitarbeitern
und Kunden
stets liebevoll und gelassen.

Seien Sie aber auch als Hausfrau mit der gleichen Einstellung bei Ihrer Arbeit. Erkennen Sie den Nutzen Ihrer Fürsorge und Liebe für Ihre Familie. Sie werden Ihre Arbeit in einem ganz anderen Licht sehen. Sie sind Chef in Ihrem Haushalt – also verhalten Sie sich auch so. Machen Sie die Hausarbeit und Kindererziehung qualitätsbewußt – aber lassen Sie sich nicht „zum Esel machen, der Säcke tragen muß"! Fangen Sie gleich heute an, Ihren Haushalt neu zu organisieren. Erstellen Sie sich einen schriftlichen Plan, was, wann und wie zu erledigen ist. Planen Sie Pausen für sich ein – Ihre Familie wird Sie neu entdecken. Sie werden erleben, daß Ihre Familienmitglieder ohne Murren gewisse Tätigkeiten übernehmen, denn dafür werden Sie eine liebevolle und gelassene Ehefrau und Mutter haben, die sie beim Nach-Hause-Kommen gut aufgelegt empfängt.

Damit hätten wir den Übergang vom Tag, den Sie – vielleicht zum ersten Mal – mit ungewöhnlich guter Arbeit verbrachten, zum Abend geschafft. Selbst wenn Sie sich immer wieder dabei erwischt haben, daß Sie mürrisch, unkonzentriert, launenhaft, oberflächlich und selbstsüchtig waren – Sie werden mit jedem Tag besser und damit Ihr Leben viel gehaltvoller. Sie sind auf dem Weg der Persönlichkeitsbildung!

Der Ausklang eines Tages

Viele Leute gehen nach der Arbeit nicht gleich nach Hause. Sie besuchen Abendseminare zur Weiterbildung, Hobbykurse, haben ein Treffen oder machen noch einen kleinen Umweg, um frische Luft zu schnappen. Es kommt darauf an, ob Sie zu Hause von Ihrer Familie erwartet werden, ob Sie alleine leben und unabhängig sind, ob Sie gerne zu Ihrer Familie heimkehren oder ungerne. Und, falls Sie alleine leben, ob Sie Ihre Freizeit sinnvoll verbringen.

Was für den Hinweg zur Arbeit galt – denken Sie auch auf dem Heimweg daran! Fahren Sie nicht gleich aus der Haut, wenn Ihnen jemand in der U-Bahn auf die Zehen tritt. Daß überfüllte Verkehrsmittel nicht zum Angenehmsten im Leben gehören, weiß ich. Aber wenn Sie einen guten Arbeitstag hinter sich gebracht haben, dann rufen Sie sich ins Gedächtnis, daß Sie sich nur den Rest des Tages zerstören, wenn Sie sich durch die Hektik der anderen und das Gedränge im Waggon beirren lassen. Der Abend kann noch sehr schön und harmonisch werden.

Na und, stehen Sie halt gedrängt! Schlechte Laune zaubert nicht mehr Platz. Nehmen Sie es gelassen hin. Denken Sie beispielsweise darüber nach, was Sie bei Ihrer Arbeit verbessern könnten oder wohin Sie heute abend mit Ihrer Frau wollen, daß Sie mit den Kindern noch ein Schiff basteln werden oder was Sie Ihrer Freundin unbedingt erzählen müssen. Besser noch: Schalten Sie Ihre Umwelt ab und gehen Sie nach innen – lernen Sie, „abzuschalten“ und unangenehme Zeitspannen für Mentalarbeit zu nutzen.

Beim Autofahren müssen Sie das Mentaltraining unterlassen. Sie sollten rücksichtsvoll und konzentriert sein und sich und den anderen Verkehrsteilnehmern Gefahren und Nerven sparen helfen. Mit dem Rad unterwegs zu sein – falls bei Ihnen möglich –

ist während der warmen Jahreszeit wunderschön und ein ideales Kreislauftraining; das gilt auch für das Gehen.

Wenn Sie einen guten Arbeitstag, an dem Sie in jeder Situation innerlich liebevoll und gelassen geblieben sind, hinter sich haben, werden Sie vielleicht müde sein, aber Sie haben keine schlechte Laune. Falls Sie diese haben, sind Sie – nur Sie selbst – daran schuld. Sie sind dann nicht „innerlich gelassen“ geblieben, als Ihr Kollege Sie ungerecht angeschnauzt hat. Wahrscheinlich sind Ihnen auch die Sicherungen durchgebrannt, und Sie haben es ihm/ihr mit gleicher Münze zurückgezahlt.

Es gibt zu viele „Michael Kohlhaas“ auf dieser Welt, die stets nach dem Motto handeln: Nur keinen Streit vermeiden! Gehören Sie zu dieser Sorte und glauben Sie, daß Sie sich dadurch die Hochachtung oder den Respekt Ihrer Umgebung zuziehen? Wenn Sie wirklich dieser Meinung sind, sollten Sie einmal Ihre Freunde zählen! Haben Sie welche?

Wie wollen Sie behandelt werden?

„Muß ich mir eine ungerechte Behandlung gefallen lassen?“

Nein, müssen Sie nicht! Sie sollen Ihrem Chef, Ihrem Kollegen, Ihrem Mann oder Ihrer Frau, auch Ihren Kindern und allen anderen Mitmenschen sachlich und gelassen begegnen, wenn Sie ungerecht angegriffen werden.

Sie können das erlernen. Wenn Sie meine Ratschläge konsequent anwenden, wird Sie bald niemand mehr anschnauzen – denn jeder wird inzwischen bemerkt haben, daß Sie dabei sind, ein anderer Mensch zu werden. Sie entwickeln sich zu einer Persönlichkeit, und die schnauzt man nicht einfach an.

Daher ergibt es sich von selbst, daß Sie Ihre Wohnung nicht als Löwe betreten, der gleich losbrüllt, sondern als Ehemann und Vater oder als angenehmer Partner, der nach einer netten Begrüßung sehr wohl sagen kann: „Laß (laßt) mich jetzt fünfzehn Minuten ruhig dasitzen, ich bin müde. Dann können wir essen oder uns unterhalten."

Ruhen Sie während dieser fünfzehn Minuten durch „inneres Still-werden", und dann sind Sie da! Sie sind danach ein aufmerksamerer Zuhörer für Ihre Familie oder Ihren Partner.

Erklären Sie Ihren Lieben an einem der nächsten Tage, wie Sie sich einen schönen Familienabend oder einen gemütlichen Abend mit Ihrem Partner vorstellen – aber lassen Sie auch Ihre Frau und die Kinder bzw. Ihren Mann und die Kinder (oder Ihren Partner) ihre Vorstellungen von einem angenehmen Abend einbringen. Gemeinsam finden Sie zur Ideallösung. Üben Sie Rücksicht – dann wird auch Ihr Gegenüber Rücksicht üben. Sind Sie liebevoll und höflich, wird es auch Ihr Gegenüber sein.

Eines der geistigen Gesetze ist das Gesetz der Resonanz. Verstehen Sie den Sinn kosmischer oder göttlicher Ordnung, dann erkennen Sie, daß „Gleiches Gleiches anzieht und durch Gleiches verstärkt wird". Durch unser Verhalten schaffen wir die Verhältnisse, in denen wir dann zu leben haben.

Brauchen Sie Streit?

Wer nicht streitet,
mit dem kann niemand in der Welt streiten.

Setzen Sie für „streiten" ein anderes Wort ein – die Aussage wird immer stimmen. Es gibt zwar große Befürworter eines heißen Streites zur seelischen und körperlichen Entladung. Das mag für manche Menschen notwendig sein. Ich brauche keinen

Streit, um meine andersgeartete Meinung kundzutun. Ich kann mich seelisch besser durch „innerliches Still-sein“ und körperlich durch Sport entladen. Es gibt sicher viele Wege, Dampf abzulassen. Das kann durch ein Gespräch sein, durch Sex, durch Weinen, dadurch, daß Sie Ihre schönste Vase gegen die Tür werfen – um nur einige Möglichkeiten zu nennen.

Ich halte Streit für die schlechteste Methode, wenn Sie bedenken, daß Ihnen beim Streiten leicht ein Wort entschlüpfen kann, welches Wunden schlägt, die nur sehr langsam heilen. Nützen Sie Ihren Dampf, um eine Runde zu laufen. Das tut Ihrem Kreislauf gut, und lassen Sie Ihre Seele einmal die Wohltat der Stille genießen.

Lernen Sie, erst einmal genau auf die Worte Ihres Gegenübers zu hören, dann darüber nachzudenken, wie er es wirklich meint, und versuchen Sie sich in seine Lage zu versetzen. Wenn Sie jetzt noch immer der Meinung sind: „Mir wird Unrecht getan“, dann versuchen Sie angemessen zu reagieren. Das wird Ihnen den Respekt und die Hochachtung Ihrer Umwelt eintragen, und so können Sie wieder ein Stück Persönlichkeit gewinnen.

Persönlichkeit sollten Sie niemals mit der Maske verwechseln, die Sie durch Erziehung und Umwelt zu tragen gelernt haben. Mit Persönlichkeit meine ich „Ihr wahres Wesen“, Ihr Selbst.

Zu wenig oder zu viel Zeit?

Wenn Sie alleinstehend sind, dann seien Sie besonders liebevoll zu sich. Sehen Sie Ihre Freizeit nicht als Zeit an, die man totschlagen muß – sonst schlägt die Zeit Ihre Seele tot!

Gestalten Sie Ihre Wohnung gemütlich – und suchen Sie sich ein Hobby, das Sie erfüllt und Ihre Zeit sinnvoll „im Fluge“ vergehen läßt. Merken Sie sich:

Zeit ist ein wundervolles Geschenk,
das nicht unendlich währt!

Ich möchte kurz auf den Abend eingehen, denn das, was ich Sie für Ihr weiteres Leben lehren möchte, um Ihr Leben positiv zu verändern, werden viele abends üben und praktizieren.

„Abend" bedeutet für die meisten von uns „Freizeit". Sie brauchen davon täglich eine halbe Stunde, um meinen Weg zu gehen.

Ich weiß, daß eine Hausfrau und Mutter am Abend noch sehr lange beschäftigt ist. Sie sollten sich aber Ihre halbe Stunde des Tages auf jeden Fall gönnen, dann eben zu einem anderen Zeitpunkt. Wenn Sie sagen, „während des ganzen Tages habe ich keine halbe Stunde Zeit für mich", dann ist Ihr Leben so grundfalsch eingeteilt, daß Sie erst recht schnell daran gehen müssen, es zu verändern.

Für den ersten Tag genügt es, sich immer wieder – und bei jeder Gelegenheit – ins Gedächtnis zu rufen:

Ich mache ab jetzt jede Arbeit,
sei sie auch noch so gewöhnlich,
ungewöhnlich gut.

Ich bleibe in jeder Situation
innerlich liebevoll und gelassen –
zu mir und zu jedem meiner Mitmenschen.

Probieren Sie heute einmal, vielleicht zum ersten Mal, nicht bis in die späten Nachtstunden wie ein Pferd zu arbeiten oder sich nicht vom Fernseher wahllos mit jeder Sendung berieseln zu lassen oder den Abend nicht mit Menschen, die Ihnen eigentlich nichts bedeuten, in einem Lokal zu verbringen.

Ich empfehle Ihnen: Verbringen Sie den Abend so, daß Sie seinen Ausklang als angenehm empfinden, und beenden Sie diesen Tag – heute – eine halbe Stunde früher. Sie brauchen diese Zeit – ab morgen – täglich zum Üben.

Überdenken Sie entweder Ihren Tagesablauf, oder lesen Sie dieses Kapitel noch einmal.

Aus: Annemarie Trixner, Umarme dein Glück
(mvgVerlag, ISBN 3-478-08834-8)

Außerdem ist von Annemarie Trixner bereits folgender Titel im mvgVerlag erschienen:

Sei glücklich – Du schaffst es! ISBN 3-478-08621-3

Literaturverzeichnis

Literatur zu Matthias Pöhm:

Birkenbihl, Vera F.: Rhetorik, Kreuzlingen/München 2002
Birkenbihl, Vera F.: Stroh im Kopf?, Landsberg/Lech, 1998
Eglí, Rene: Das Lola-Prinzip, Oetwil a.d.L. 2001
Lay, Rupert: Dialektik für Manager, München 1983

Literatur zu Nikolaus B. Enkelmann:

Varrat-Godefroy, Stephanie: Die Kraft positiver Ausstrahlung, Niedernhausen 1992
Basile, Joseph: Der neue Führungsstil, Freiburg 1967
Bass, Bernhard M.: Charisma entwickeln und zielführend einsetzen, Landsberg/Lech, 1986
Beer, Ulrich: Die Kunst, Menschen für sich zu gewinnen, Landsberg/Lech 1995
Bierbaum, G./Marwitz, K./May, H.: Happy Selling, Paderborn 1990
Buzan, Tony/Buzan, Barry: Das Mind-Map-Buch, Landsberg/Lech 1996
Eggersberger, Gerhard: Charisma Training, München 1995
Enkelmann, Nikolaus B./Burkart, Christine: Erfolgsprinzipien der Optimisten, Offenbach 1997
Gabriel H.W.: Macht und Einfluß über andere, Genf 1966
Gross, Stefan F.: Beziehungsintelligenz, Landsberg/Lech 1997
Holzer, Hans: Charisma, München 1979
Lasko, Wolf W.: Charisma, Wiesbaden 1994
Montgomery, Marshall: Menschenführung, München 1961
Rupprecht-Stroell, Birgit/Kaminski, Marion: Fleißige Frauen arbeiten – kluge machen Karriere, 2. Aufl., München 1998
Schneider, Wolf: Die Sieger, 4. Aufl., Hamburg 1993

Silva, José: Die Silva Mind-Control Methode für Führungskräfte, München 1987
Staples, Walter Doyle: Think like a Winner, Paderborn 1993
Tracy, Brian/Scheelen, Frank M.: Der neue Verkaufsmanager, Wiesbaden 1996
Tracy, Brian: Verkaufsstrategien für Gewinner, Wiesbaden 1996
Wichardt-Laub, Ingrid: Vorsprung durch Sympathie, Wiesbaden 1994
Wirz, Adolf: Efficiency – Herbert Cassons Philosophie des Erfolgs, Zürich 1986

Literatur zu Peter Kummer:

Auclair, M.: Nimm Dein Glück selbst in die Hand, München 1991
Börner-Kray, B.: Der geistige Weg zum Überleben, München 1985
Bristol C.: Entdecke Deine mentalen Kräfte, München 1985
Cole-Whittaker,T.: Mentaltraining im Alltag, München 1987
Davis, R.: So kannst Du Deine Träume verwirklichen, Friedrichsdorf 1979/93
Griscom, Ch.: Die Heilung der Gefühle/Angst ist eine Lüge, München 1988
Hill, N.: Denke nach und werde reich, Genf 1975
Mulford, P.: Die Möglichkeit des Unmöglichen, Berlin 1972
Murphy, J.: Die Macht Ihres Unterbewußtseins, Genf 1970
Murphy, J.: Die Praxis des positiven Denkens, München 1979/93
Price, J.R.: Deine Zukunft ist jetzt, München 1986
Roger, J./McWilliams, P.: Wie man seine Träume verwirklicht, Berlin 1993
Schmidt, K.: Wer denkt, er kann, der kann!, Pforzheim 1970/73

Literatur zu Lothar J. Seiwert:

Ederer, Günther/Seiwert, Lothar J.: Das Märchen vom König Kunde, 2.Aufl., Offenbach 1998

Müller-Klement, Georg K./Seiwert, Lothar J.: Zielwirksam, 11. Aufl., Ehningen 1997

von Roth, Werner/Seiwert, Lothar J./Wagner, Hardy (Hrsg.): Zeitmanagement-Methoden auf dem Prüfstand, 4. Aufl., Springe 1996

Seiwert, Lothar J.: Wenn Du es eilig hast, gehe langsam, Frankfurt, New York 1998

Seiwert, Lothar J./Buschbell, Hans: Zeitmanagement für Rechtsanwälte, Bonn 1998

Seiwert, Lothar J./Gay, Friedbert: Das 1x1 der Persönlichkeit, Offenbach 1998

Literatur zu Kurt Tepperwein:

Tepperwein, Kurt: Die geistigen Gesetze, München 1998

Tepperwein, Kurt: Kraftquelle Mentaltraining, München 1993

Literatur zu Annemarie Trixner:

Bandler, Richard: Veränderungen des subjektiven Erlebens, Paderborn 1987

Dethlefsen, Thorwald/Dahlke, Rüdiger: Krankheit als Weg, München 1996

Frankl, Viktor E.: … trotzdem Ja zum Leben sagen, München 1998

Geue, Bernhard: Wie ich mir das Leben zur Hölle machen kann, Zürich 1999

Grof, Stanislav: Das Abenteuer der Selbstentdeckung, Reinbek 1994

Lauster, Peter: Selbstfindung, Düsseldorf 1998

Roman, Sanaya: Sich dem Leben öffnen, Paderborn 1990

Schott, Barbara: Lust statt Frust, Paderborn 1992

Stichwortregister

A

Allbewußtsein 168
Alles-oder-nichts-Entscheidung 95
Antworten, schlagfertige 8, 19
Arbeit-Freizeit-Konflikt 130
Assoziationsübungen 23
Aufmerksamkeit 79
Ausstrahlung 54, 56
– charismatische 58

B

Balance 89
Basisfertigkeiten 8
Bewußtsein(s-) 182
– Ebenen des 168
– Tages- 168
– Unter- 169
– Über- 169
– neues 75, 78
Beziehungen 112
Bogen, gedanklicher 8
Botschaft 9, 32

C

Charisma-Faktor 36, 41f., 46, 50, 53

D

Denken
– assoziatives 22
– positiv-konstruktives 70
– konstruktives 71
– schnelles 24
– universelles 159
Denkrahmen 12

E

Eigenschaften, gute 179
Einstellung, positive 153
Energie
– verdichtete 58
– Freisetzen von 166
Erfolg(s-) 36, 38ff., 53f., 122
– wille 41
– strategie, persönliche 42
– schritte 43
– Weg zum 53
– durch Kontakte 112
– konzept 58
Erwiderungsfertigkeit 19

F

Frech-Fertigkeit 21
Frechheit 19
Freude 126

G

Gebet 70
Gedanken 64, 69, 71, 73, 97, 152

Gefühle 48, 58, 106, 157, 164
Geistes-Gegenwart 154
Gelassenheit 182
– liebevolle 176f., 182
Gesetz 66, 73
– geistiges 191
– der Resonanz 191
– kosmisches 74
– des Denkens 75
Gesprächs(-)
– führung, richtige 55
Glaube 169f.
– heilender 171
– großartiger 111
Grundeinstellung 14, 31

H

Harmonie, Brücke der 109
Herzenswunsch 174

K

Kommunikations(-)
– Faktor 106f., 119, 121
– fähigkeiten 47, 59
Kontakte 116, 122
Konzentration 58
Körpersprache, ehrliche 125
Kosmos
– Mikro- 69
– Makro- 69
Kronen-Chakra 167
Kurzprogrammierung, körpersprachliche 15

L

Lächeln 126, 180f.
Leben(s-)
– Konzept 132
– führung, positive 136, 138
– Gepäckstücke des 89, 92
– kraft 79
– richtung 92
Leistungs(-)
– fähigkeit, persönliche 142
– kurve, persönliche 143
Lerneffekt 17
Regenerationseffekt 145, 147
Life-Styling 136
Lola-Prinzip 15
Lösung 88

M

Meditation 70
Menschen(-)
– kenntnis 50
Mentaltraining 189
Motivation 122
Mut 160
Denken
– rechtsseitiges 160, 162ff.
– linksseitiges 162ff.

N

Nonsens(-) 12
– Standardantworten 13

O

Optimismus 116f.

P

Prinzip
– Pack- 88
– Peter- 88
Persönlichkeit(s-) 56, 106
– strahlende 54
– starke 182
– bildung 188

Q

Qualitätsprinzip 177, 185

R

Reaktionszeiten 28
Realität 58f.
– des Alltags 65
Reisecheckliste 92, 94
Rhetorik 43ff., 47
Rhythmus, natürlicher 141

S

Schlagfertigkeit(s-) 8
– muster 11
Selbst(-)
– bewußtsein 154
– vertrauen 106, 126
Signale(n)
– Wahrnehmen von 50
– nonverbale 54

SimulGAN-Technik 16, 26
Still-werden, inneres 191
Suggestion 31f.
Sympathiekurven 107f.

T

Tagtraum 156f.
Training
– Wahrnehmungs- 156
– Intuitions- 158
– mentales 50

U

Übung
– Bewußtseins- 154
– Atem- 166
– Chakra- 167
Unterbewußtsein 32, 61
Utopie 77

V

Verkaufspsychologie 47
Vertrauen(s-) 58, 114, 119f., 124f.
– Geschenk des 115
– konten 116
– kredit 116
– philsosophie 120
– basis 58
Visionen 56ff., 61

W

Wahrnehmung
- bewußte 150
- intuitive 150, 152

Widerhall, zwischenmenschlicher 179
Wirklichkeit 77
Wissen 171
Wortschatz 8, 16, 18, 27

Z

Zeit(-) 192f.
- Kapital 128f.
- Nutzung 131
- Management 131

Zielklarheit 39
Zufall 66

Notizen

Notizen

Notizen